I0816981

Cahiers Mérimée

Publié avec le soutien du Centre de Recherche sur les Poétiques du XIXe siècle de la Sorbonne nouvelle – Paris 3

2022, n° 14

Cahiers Mérimée

Publication de la Société Mérimée

PARIS
CLASSIQUES GARNIER
2022

Manuscrits, documents, ouvrages et toute correspondance concernant les *Cahiers Mérimée* et la Société Mérimée (cotisations, abonnements) sont à adresser au siège de l'association :

Société Mérimée
139, rue du Faubourg Saint-Antoine, 75011 Paris
Adresse électronique : antonia.fonyi@wanadoo.fr

Outre les membres du comité éditorial et du comité de lecture, Jeanine BORDES a contribué à la préparation de ce numéro en donnant ses avis et conseils. Nous la remercions.

ISBN 978-2-406-13323-0
ISSN 2103-9054

SOMMAIRE

COMPTE RENDU / *REVIEW*

BIBLIOGRAPHIE / *BIBLIOGRAPHY*

OURS À MALICES

Lokis ou le mystère des origines

Le sujet de la dernière nouvelle publiée par Mérimée, *Lokis* (1869), est plus original au regard de l'œuvre de son auteur que de la tradition littéraire et folklorique dont l'ouvrage de Michel Pastoureau, *L'ours. Histoire d'un roi déchu*[1], dresse un parcours édifiant. Depuis l'Antiquité, mais surtout tout au long du Moyen Âge héritier d'Aristote et de Pline, l'ours, sorte d'*alter ego* monstrueux ou diabolique de l'homme, est vilipendé, haï, traqué pour sa lubricité, son instinct de violeur de jeunes filles, en qui il engendre des êtres mi-hommes mi-bêtes, à moins qu'il ne soit lui-même le fruit d'une métamorphose – un ours sous les traits d'un homme, un homme changé en ours. Dans tous ces cas de figure, la frontière entre l'homme et l'animal est indécise, au scandale de l'ordre naturel voulu par Dieu et chanté par les théologiens médiévaux. Tous les ingrédients de la nouvelle de Mérimée sont là, sauf l'indignation théologique, à laquelle se substitue un malicieux parfum de scandale. Mérimée écrit le 2 janvier 1869 à Jenny Dacquin :

> J'ai recopié *l'Ours* que vous savez et je l'ai léché avec un certain soin. Beaucoup de choses sont changées en mieux, je crois. Les titres et les noms changés également. Pour les personnes aussi peu intelligentes que vous, les manières de cet ours resteront fort mystérieuses, mais on ne pourra rien conclure à son désavantage, quelque perspicace que l'on soit. Il y a quantité de choses qui reste inexpliquée [...]. Les médecins me disent que les plantigrades sont, plus que d'autres bêtes, en mesure de s'allier à nous ; mais naturellement les exemples sont rares, les ours étant peu avantageux[2].

1 Michel Pastoureau, *L'ours. Histoire d'un roi déchu*, Paris, Le Seuil, « Points », 2007.

2 *Correspondance générale* [*C. G.* par la suite], établie et annotée par Maurice Parturier, avec la collaboration, pour les tomes I à VI, de Pierre Josserand et de Jean Mallion, t. I-VI, Paris, Le Divan, 1941-1947, t. VII-XVII, Toulouse, Privat, 1953-1964, t. XIV, p. 353. Puis, le 5 août 1869, à la même : « à Saint-Cloud, j'ai lu *l'Ours* devant un auditoire très *select*, dont plusieurs demoiselles qui n'ont rien compris, à ce qu'il m'a semblé. Ce qui m'a donné l'idée d'en faire cadeau à la *Revue*, puisque cela ne cause pas de scandale. [...] Il

Ou encore, à Tourguéniev le 10 octobre 1869 :

> Heureusement, personne n'y a rien vu d'immoral. Une princesse m'a écrit pour me demander si cet ours n'avait pas abusé de sa position ; j'ai répondu en m'étonnant que pareille idée lui fût venue en tête, et je l'ai renvoyée à Cuvier[3].

C'est dire combien l'injonction morale[4] incite Mérimée, qui évoquait initialement de manière tout à fait explicite l'engendrement du protagoniste par l'ours[5], à se moquer avec un certain cynisme de son public : peut-être pas seulement des femmes de la haute société. C'est ce que l'analyse de la nouvelle, sondant ses références médiévales, suggérera : jusqu'où Mérimée pousse-t-il l'illusion et dupe-t-il son lecteur ? Dans la tradition médiévale comme dans le récit de Mérimée, l'inquiétude et la malice, renvoyés dos à dos, se nourrissent de la même difficulté à discerner : en présence de qui et de quoi sommes-nous, par-delà ce que nous voyons ? La question ne se réduit pas à l'identité du protagoniste – homme, ours, hybride. Si la nouvelle se déroule dans la Lituanie du XIXe siècle et que la critique rapporte ses emprunts les plus visibles à l'écrivain polonais Mickiewicz, elle hérite d'un imaginaire universel suscité par la représentation médiévale de l'ours. Il convient donc de revenir sur la question des sources possibles de la nouvelle de Mérimée, sans oublier que l'inspecteur général des Monuments historiques non seulement connaissait très bien l'architecture médiévale à laquelle il a consacré des pages d'une singulière et perspicace ouverture d'esprit[6], mais a aussi pratiqué la réécriture des œuvres littéraires médiévales, avec

---

faut tenir compte des progrès en hypocrisie que le siècle a faits depuis quelques années. » *C. G.*, t. XIV, p. 569.

3 *C. G.*, t. XIV, p. 634.

4 Les enjeux moraux du fantastique particulier de cette nouvelle ainsi que l'évolution du discours de Mérimée, contraint par la morale du temps, ont été analysés par Florent Montaclair, « Vers une critique post-formaliste du fantastique », dans *Aspects de la critique*, éd. Ian Pickup, Philippe Baron, Besançon, Presses Universitaires de la Franche-Comté, 1998, p. 39-53 [III : « La littérature du surnaturel et le jeu de l'intellect : *Lokis*, le jeu sur la morale »].

5 Lettre à Jenny Dacquin, du 3 septembre 1868 : « […] ce monsieur est le fils illégitime de cet ours mal élevé ». *C. G.*, t. XIV, p. 233.

6 Voir par exemple Françoise Bercé, « Les enjeux et les contradictions de l'archéologie et de la politique sous la monarchie de juillet et le second empire », dans *Prosper Mérimée. Écrivain, archéologue, historien*, éd. Antonia Fonyi, Genève, Droz, 1999, p. 3-14 (p. 6) ; Georges Poisson, « Prosper Mérimée et les monuments historiques de Paris et de l'Île-de-France », *ibid.*, p. 15-26 (19-20).

La Jaquerie, *Don Pèdre Ier, roi de Castille*[7], ou encore, très probablement, *La Vénus d'Ille*[8]. *Lokis* procéderait-il d'une veine analogue, plus complexe que sa forme immédiate ne le donne à voir ? Le choix d'un protagoniste abritant les instincts archaïques d'un animal à l'histoire mélancolique et torturée pourrait bien être le vecteur visible d'une autre modalité de retour aux origines.

UN OURS DES PYRÉNÉES TRANSPORTÉ EN LITUANIE

Lokis se déroule en Lituanie, sous les auspices des recherches philologiques du narrateur, le professeur Wittembach, sur la langue et la civilisation jmoudes. La critique s'accorde généralement à y reconnaître la résurgence de diverses légendes qui courent en Europe sur le compte de l'ours, comme celle de Jean de l'Ours, fils d'un ours et d'une femme, correspondant au type 301B dans la classification Aarne-Thompson des schémas de contes. Pour Michel Pastoureau, qui ne pousse cependant pas plus loin l'investigation, le récit de Mérimée « s'appuie sur une grande érudition et une solide connaissance des histoires d'ours dans les mondes slave et balte[9] ». Michel Zink, quant à lui, commence son article intitulé « Froissart et la nuit du chasseur », consacré aux épisodes de Pierre de Béarn dans le troisième livre des *Chroniques* et de Camel de Camois dans *Méliador* de Froissart, par une remarque sur la nouvelle de Mérimée :

> Plus encore que pour la *Vénus d'Ille*, Mérimée aurait eu des raisons de placer l'action de *Lokis* non à l'autre bout de l'Europe, mais dans les Pyrénées, où la chasse à l'ours, l'anthropomorphisme de cet animal et les violences qu'il

7 Les éléments empruntés à Froissart se mêlent dans cette œuvre à ceux principalement venus de la chronique d'Ayala ainsi qu'à d'autres sources indiquées, pour la plupart, par Michel Garcia dans la présentation de son édition d'*Histoire de Don Pèdre Ier et autres écrits sur l'Espagne*, t. II de la Section III, *Histoire*, dir. Antonia Fonyi, des *Œuvres complètes* de Mérimée, Paris, Champion, 2009.

8 Voir le bilan de cette question par A. Fonyi dans l'introduction à Mérimée, *La Vénus d'Ille et autres nouvelles*, Paris, Flammarion, « GF », 1982, p. 27-28.

9 M. Pastoureau, *L'ours. Histoire d'un roi déchu*, *op. cit.*, p. 290. Cette érudition de Mérimée à propos des ours est confirmée par Thierry Laurent, « Prosper Mérimée et la Lituanie », *Darbai ir Dienos*, 55 (2011), p. 173-181, en ligne : https://www.academia.edu/14212915/Prosper_Mérimée_et_la_Lituanie, consulté le 22 décembre 2021.

> fait subir aux jeunes filles occupent, de nos jours encore, une place privilégiée dans les manifestations du folklore[10].

Mais il ne va pas plus loin sur cette piste.

Le cadre lituanien, très ostensible, est nourri de l'intérêt bien réel de Mérimée pour la langue lituanienne – intérêt qui redouble celui de son narrateur : Mérimée, féru de langues étrangères, s'était procuré le *Manuel de langue lituanienne* d'August Schleicher, paru en 1856. Paolo Tortonese remarque que « le choix de la Lituanie comme cadre du récit est bien plus lié à l'idée que Mérimée, à travers ces lectures, se fait de sa langue, qu'à la présence d'ours dans ses forêts[11] ». Il faut donc chercher ailleurs l'origine de l'ours. Jean Mallion et Pierre Salomon identifient comme possible source de la nouvelle un extrait de la *Gesta Danorum* de Saxo Grammaticus, publié en 1833 dans la *Revue de Paris*[12]. L'emprunt, hautement probable, se limite cependant à la scène de l'enlèvement de la comtesse par l'ours[13]. La suite de l'ourserie ne vient pas non plus des autres sources signalées d'habitude par les éditeurs – Pouchkine, Antoine de Grammont et surtout *Messire Thadée* de Mickiewicz, auquel Mérimée emprunte, jusqu'à la paraphrase, plusieurs éléments, dont la

10 Michel Zink, « Froissart et la nuit du chasseur », *Poétique*, n° 41, février 1980, p. 60-77, repris dans *Les Voix de la conscience. Parole du poète et parole de Dieu dans la littérature médiévale*, Caen, Paradigme, 1992, p. 117-134. Je conserve la pagination originale : ici, p. 60.

11 Sur Mérimée et Schleicher, voir Paolo Tortonese, « L'Ours et le comparatiste, ou Mérimée et Max Müller », *Revue des Sciences humaines*, numéro spécial *Mérimée écrivain*, n° 270, 2003/2, p. 39-59 (ici p. 42).

12 Prosper Mérimée, *Théâtre de Clara Gazul. Romans et Nouvelles*, éd. Jean Mallion et Pierre Salomon, Paris, Gallimard, « Bibliothèque de la Pléiade », 1978, p. 1621.

13 Philippe Walter (*Arthur, l'ours et le roi*, Paris, Imago, 2002 : https://books.google.fr/books?id=TO7dDQAAQBAJ&pg=PT78&lpg=PT78&dq ; consulté le 15 décembre 2021) rappelle que « le clerc danois Saxo Grammaticus raconte au dixième livre de son Histoire des Danois (*Gesta Danorum*) qu'en Suède un ours partit chasser dans la montagne et qu'il y rencontra par hasard une jeune femme. Il l'emporta dans sa caverne et, au lieu de la dévorer, prit son plaisir avec elle. Il en naquit un enfant exceptionnel. » Mais la similitude avec la nouvelle de Mérimée s'arrête là. Dans l'épopée scandinave, un jeune guerrier, Skioldus, combat un ours à mains nues, « sans arme aucune » (*cf.* M. Pastoureau, *L'ours. Histoire d'un roi déchu*, *op. cit.*, p. 60), ce qui n'est pas le cas des comtes Szémioth, ni fils, qui ne combat pas les ours, mais chasse un cerf, ni père qui, selon les termes du docteur Frœber, « marié depuis deux jours, [...] était fort chevaleresque, il voulait se jeter sur l'ours, le couteau de chasse au poing ; mais, mon cher monsieur, un ours de Lithuanie ne se laisse pas transpercer comme un cerf ». *Lokis*, dans *La Vénus d'Ille et autres nouvelles*, éd. A. Fonyi, Paris, Flammarion, « GF », 1982, p. 188. C'est notre édition de référence dont nous indiquerons les pages entre parenthèses après les citations de *Lokis*.

courte légende animalière dite « La république des animaux[14] ». Rien de lituanien. Plutôt un amalgame géographique qui peut expliquer « un certain nombre d'inepties ou de petites erreurs » à propos des traditions lituaniennes, sans que cela nuise pour autant à la couleur locale, ni, surtout au caractère « typiquement mérimien [*sic*][15] » de la nouvelle. Si la référence à la Lituanie est cohérente avec les centres d'intérêt de Mérimée, elle apparaît surtout comme un prétexte au complexe montage narratif. Le cadre lituanien et le titre du récit, tel que le présente à la fin de la nouvelle le narrateur lui-même (p. 220-221), ont-ils vocation à satisfaire autre chose que le goût de la couleur locale, que le comte Michel Szémioth et sa fiancée, avec une insistance suspecte[16] à employer cette formule tellement médiévaliste et si peu scientifique, flattent chez le rigoureux philologue Wittembach[17], autant que Mérimée chez son lecteur ? L'approximation qui la caractérise entrouvre des possibilités autres que lituaniennes aux sources d'inspiration de Mérimée, dont on connaît par ailleurs l'inclination pour les contrées plus méridionales, tout particulièrement pyrénéennes : la famille protagoniste de *La Vénus d'Ille*, dont les ressorts narratifs, la forte présence du personnage érudit, le fantastique fatal ou tragique, la puissance prédatrice de l'amour, présentent d'évidentes similitudes avec *Lokis*[18], porte le patronyme de Peyrehorade, petite ville située non pas dans les Pyrénées-Orientales, comme le laisserait attendre la localisation de la Vénus à Ille-sur-Têt, mais dans les Landes, à quelques kilomètres du Béarn.

---

14 Le texte de Mickiewicz est donné aux notes 2 et 3 de la page 1639 de la Pléiade. Pierre Brunel (« Rue du serpent », *Prosper Mérimée, écrivain, archéologue, historien*, *op. cit.*, p. 137-148 (p. 145)) estime cependant le rapprochement « à moitié convaincant ».

15 T. Laurent, « Prosper Mérimée et la Lituanie », art. cité, p. 179.

16 Jean-Claude Lefebvre (« Regards sur la Lituanie : *Lokis* de Mérimée », *Cahiers lituaniens*, n° 6 (2005), p. 25) parle d'un « ton discrètement ironique, Mérimée ne répugnant pas à l'auto-dérision ».

17 « Voici, me dit le comte en allemand, un échantillon de *couleur locale* ; une sorcière qui charme un serpent, au pied d'un kapas, en présence d'un savant professeur et d'une ignorant gentilhomme lithuanien. Cela ferait un joli sujet de tableau de genre pour votre compatriote Knauss... Avez-vous envie de vous faire tirer votre bonne aventure ? Vous avez ici une belle occasion. » (P. 201.) Et plus loin : « Ah ! mais pour bien faire il me faudrait un sarafane. Quel dommage !... Vous voudrez bien excuser cette robe, qui n'a pas de caractère, pas de couleur locale... » (P. 206.)

18 Sur *La Vénus d'Ille* et *Lokis* comme « portiques » régis par un « chiasme parfait » et de nombreuses similitudes, voir par exemple Anne-Marie Reboul, « *Carmen*, la rêverie de Mérimée », *Prosper Mérimée. Écrivain, archéologue, historien*, *op. cit.*, p. 179-189 (p. 180).

Si Michel Zink a spontanément pensé à *Lokis* en écrivant son article sur l'épisode du *Voyage en Béarn* de Froissart, au point d'y mentionner trois fois la nouvelle, c'est que l'économie des deux récits est sensiblement analogue, sans se limiter aux topoi généraux venus des traditions folkloriques étudiées par Michel Pastoureau : la représentation d'un protagoniste mi-homme mi-ours, comme Jean de l'Ours, y est prise dans un réseau narratif aux points communs nombreux, à commencer par l'ambiguïté que les deux auteurs entretiennent autour de la double nature de leur personnage, largement suggérée mais jamais dite. Comtes tous deux, Michel Szémioth et Pierre de Béarn, demi-frère de Gaston Fébus, partagent une corpulence herculéenne, qui révèle chez le premier le drame de sa conception, et chez le second une possible métamorphose, que Froissart n'évoque qu'en miroir de l'aventure survenue des années auparavant au beau-père de Pierre de Béarn, le comte de Biscaye : alors qu'il s'apprêtait à tuer un ours gigantesque au cours d'une partie de chasse, le fauve annonça au comte sa mort prochaine et violente. Cet ours, commente l'auteur-narrateur, était peut-être un chasseur métamorphosé en ours, comme Actéon métamorphosé en cerf. De sorte que si un ours peut être habité par un homme, l'apparence d'un homme peut bien abriter un ours. C'est précisément ce que semble redouter la femme de Pierre de Béarn, Florence de Biscaye, depuis que son mari a rapporté d'une partie de chasse le cadavre d'un ours gigantesque, vaincu au cours d'un combat seul à seul[19]. Le fameux *Livre de chasse* dont Gaston Fébus entreprend la composition en 1387, un an avant le séjour de Froissart à sa cour, précise justement qu'un ours ne peut être vaincu que par deux hommes au moins[20]. Qu'en déduire d'un homme qui vainc seul un ours ? Comment pourrait-il ne pas être lui-même un ours, celui qui a vaincu en combat singulier un tel fauve ? Le texte de Froissart va plus loin dans la suggestion. Le pronom « le », qui désigne la cause de l'effroi la comtesse de Biscaye, peut aussi bien, du point de vue grammatical, « représente[r] l'ours, ou le mari, ou la scène tout entière[21] » :

19 Combat qui n'est pas sans rappeler celui que rapporte la *Gesta Danorum* de Saxo Grammaticus. Voir ci-dessus note 12.

20 M. Zink, « Froissart et la nuit du chasseur », art. cité, p. 61, note 4.

21 M. Zink, « Froissart et la nuit du chasseur », art. cité, p. 61. Grammaticalement, le pronom « le » peut être masculin singulier ou neutre singulier. Il peut représenter l'ensemble de la scène, aussi bien que l'ours ou le mari, qui est cependant le sujet grammatical du paragraphe précédent, et sur lequel se focalise l'attention.

> [...] et là se combattit a lui moult longuement et en fut en grant péril de son corps, et reçut grant'paine ainçois qu'il le put déconfire. Finalement il le mit à mort, et puis retourna à l'hôtel en son châtel de Languedendon en Bisquaye et fit apporter l'ours avecques lui. Tous et toutes se merveilloient de la grandeur de la bête et du hardement du chevalier, comment il l'avoit osé assaillir et déconfire.
>
> Quant sa femme la comtesse de Bisquaye *le* vit, elle se pâma et montra que elle eut trop grant'douleur. Si fu prise de ses gens et portée en sa chambre [...][22].

Le mari aimé est mort en même temps que la bête aux yeux de sa femme, qui ne distingue plus entre eux, ou plutôt distingue en son mari le double vivant de la bête morte. Le point de vue du narrateur soutient tacitement celui de l'épouse, car Froissart, comme le remarque Michel Zink, nomme le comte Pierre de Berne[23]. Cette graphie singulière du toponyme va plus loin qu'un symbole héraldique ; cet autre nom de l'ours qu'est « Berne » n'est pas seulement l'emblème de son vainqueur : Pierre de Berne est Pierre de l'Ours, au même titre que, dans le conte éponyme, Jean de l'Ours. La comtesse de Biscaye n'est pas considérée comme folle, au contraire de la mère du comte Szémioth, même si la terreur que lui inspire son mari la met en fuite. Prétextant un pèlerinage, elle emmène avec elle ses enfants et abandonne Pierre de Berne à la solitude ordinaire de l'ours, cette solitude à laquelle la comtesse Szémioth voudrait bien renvoyer son propre fils, à défaut de pouvoir le mettre à mort. C'est parce que Michel Szémioth évolue dans la société des hommes que sa mère, seule à discerner en lui le fauve dangereux, alerte l'entourage, à la naissance de l'enfant comme au moment des noces :

> – « Tuez-le ! tuez la bête » qu'elle s'écrie ; peu s'en fallut qu'elle ne lui tordît le cou. (P. 188.)

---

22 Jean Froissart, *Chroniques*, Livre III, éd. J. A. C. Buchon, p. 332-333, en ligne https://archive.org/details/collectiondeschr09buchuoft/page/216/mode/2up, consulté le 15 janvier 2021. Je souligne.

23 Sur l'analyse de l'emploi par Froissart du nom de Berne, voir M. Zink (« Froissart et la nuit du chasseur », art. cité, p. 63-64), qui parle d'une « fausse étymologie stérile ». L'édition de Buchon de 1824, que je cite à dessein puisque c'est celle que Mérimée avait eue entre les mains, modernise toutefois et indique « Béarn », après avoir précisé l'équivalence « Berne (Béarn) » dans le prologue (p. 219). Cette coïncidence n'avait sans doute pas échappé à Mérimée, si sensible aux phénomènes linguistiques, et l'on imagine assez bien le professeur Wittembach poursuivre son discours sur les différents noms de l'ours à la fin de la nouvelle en évoquant le radical « bern- » et ses diverses réalisations dans les langues européennes.

– À l'ours ! criait-elle d'une voix aiguë ; à l'ours ! des fusils !... Il emporte une femme ! tuez-le ! Feu ! feu ! (P. 217.)

Plus clairvoyante que les autres, la mère folle nomme ce que les autres perçoivent sans le nommer ou sans le comprendre : le savant professeur Wittembach sait que le comte grimpe aux arbres, qu'il a des bras couverts de poils noirs, qu'il est doté d'une stature peu humaine, qu'il a des yeux trop rapprochés, et même qu'il nourrit un fantasme vampirique à l'endroit de sa fiancée[24] ; mais jamais, même après le récit du docteur Frœber qui lui révèle la cause de la folie de la vieille comtesse, il ne nomme l'ours qui est en l'homme. Il voit, il entend, sans nommer, lui, le savant spécialiste du langage. Il sait confusément, sans accéder à la connaissance. Il concourt et court à la tragédie conclusive en acceptant de célébrer les noces. Quant à la jeune fiancée, Mlle Iwinska, elle nomme l'ours à la fin de la danse de la roussalka dont le comte esquive la tragédie fictive, sans que cette imposition du nom lui ouvre les yeux sur le mystère des origines : elle ne distingue toujours pas l'ours qu'abrite son fiancé :

Mlle Iwinska poussa un petit cri, rougit beaucoup et alla tomber sur un canapé d'un air boudeur, en se plaignant qu'il l'eût serrée, comme un ours qu'il était. Je vis que la comparaison ne plut pas au comte, car elle lui rappelait un malheur de famille[25]. (P. 207.)

Même en cet instant où Wittembach, narrateur, assume par le discours indirect le mot de la fiancée, qui dénonce justement une étreinte trop puissante caractéristique de l'ours[26], il écarte la réalité surnaturelle en enfermant dans une rationalité à courte vue la réaction du comte. La science du philologue et la superficialité de la jeune coquette sont

24 L'imaginaire de la dévoration est particulièrement prégnant dans l'œuvre de Froissart, comme l'a montré J. Cerquiglini-Toulet, « Démembrement et dévoration : une structure de l'imaginaire poétique de Jean Froissart », *Froissart dans sa forge*, actes du colloque de Paris 4-6 novembre 2004 réunis par Michel Zink, Paris, De Boccard, 2006, p. 91-99, suivi d'un débat, p. 99-103. L'auteur évoque la réécriture du mythe d'Actéon par Froissart, p. 92-93.

25 Le procédé se réitère (p. 208) lorsque la jeune femme demande à Wittembach de se taire car le comte « est homme à tuer toute son écurie, et à nous manger nous-mêmes quand il n'y aura plus de chevaux ».

26 La puissance meurtrière de l'étreinte de l'ours est signalée dans le *Livre de chasse* de Gaston Fébus. *Cf.* M. Zink, « Froissart et la nuit du chasseur », art. cité, p. 65. Voir aussi M. Pastoureau, *L'ours. Histoire d'un roi déchu*, *op. cit.*, p. 77-78, 287.

renvoyées dos à dos. Elles forment deux versants disjoints et parcellaires de la connaissance remembrée par la seule folie de la comtesse, qui voit et qui nomme *en connaissance de cause.* Mais la vieille femme est prisonnière de la folie que le XIXe siècle des aliénistes soigne à force d'entraves, là où le XIVe siècle accorde à la jeune épouse la possibilité de fuir. Le narrateur et son interlocuteur du XIVe siècle commentent les événements en envisageant comme vraisemblable l'hypothèse surnaturelle de la métamorphose. Le narrateur du XIXe siècle, représentant d'un positivisme à l'égard duquel Mérimée peut se montrer fort critique[27], condamne également la légèreté de la jeune Iwinska et la rigidité du docteur Frœber, mais ne fait pas preuve de plus de clairvoyance, en résistant à l'évidence contre-nature de l'homme-ours. Aucun de ces personnages raisonnables n'anticipe les événements annoncés par tant de signes. La nouvelle officiellement destinée à affoler les dames de Compiègne pourrait bien être à double détente : c'est aux dames folles – la vieille comtesse et la vieille sorcière qui invite Michel Szémioth à devenir roi de l'empire des animaux – que Mérimée donne raison[28], et non à ceux qui, par impératif rationnel comme les savants, ou moralisateurs comme les lecteurs à l'intention desquels Mérimée a changé l'idée initiale du viol en mystère insoluble, récusent la possibilité surnaturelle, au moins en tant que ressort littéraire fantastique, voire étiologique.

Le point de vue de Mérimée et celui de Froissart sont identiques. Tous deux façonnent la réalité de l'homme-ours sans jamais l'affirmer. Ils façonnent la réalité *littéraire* de l'homme-ours. Mérimée fait de l'auteur du journal un narrateur distinct de lui-même, avec lequel il prend des distances qui ne sont pas encore assumées dans la *Vénus d'Ille* : il ne se confond plus avec la figure du narrateur témoin et érudit, mais adopte le point de vue surplombant de la fiction littéraire, à laquelle les événements donnent raison comme aux vieilles folles ; et Adélaïde, l'auditrice de Wittembach, écoute sans interrompre l'incroyable histoire de *Lokis*, mais coupe court aux ennuyeux développements onomastiques auxquels le linguiste s'apprête à se livrer à la fin de la nouvelle (p. 221). Froissart,

27 Monsieur de Peyrehorade, dans la *Vénus d'Ille*, est bien plus ridicule que Wittembach. Olivier Poisson, dans « *La Vénus d'Ille* entre archéologie et littérature en 1834 », dans *Prosper Mérimée. Écrivain, archéologue, historien, op. cit.*, p. 27-38 (p. 28) évoque « la volonté sous-jacente » de Mérimée de « rosser les antiquaires ».

28 À ce propos, voir Michèle Simonsen, « Nature et culture dans *Lokis* de Mérimée », *Littérature*, 23 (1976) p. 81-93, (p. 88-89).

qui raconte la métamorphose d'Actéon en cerf pour suggérer celle de l'homme en ours, ne procède pas autrement : il brise avec le registre propre à la chronique, celui de la factualité événementielle, pour lui imprimer le tour légendaire hérité d'Ovide et introduire du merveilleux dans le récit. De même que Froissart recourt à une *auctoritas* antique pour cautionner l'extravagance de son discours, Mérimée recompose la source froissardienne, en y déguisant de couleur locale lituanienne les éléments narratifs qu'il préserve, en premier lieu l'étalement sur deux générations de la malédiction de l'ours.

Chez l'un comme chez l'autre, la force du récit procède d'une réitération générationnelle qui porte à leur paroxysme la mémoire et la terreur féminines : la comtesse de Biscaye, raconte l'écuyer, a revécu après la chasse à l'ours de son mari Pierre de Berne la malédiction proférée par l'ours tué par son père. Si Michel Szémioth est épargné par une ourse qui le lèche comme l'un de ses petits au lieu de le massacrer, sa génitrice revit son propre enlèvement par l'ours quelques jours après ses noces en le voyant emporter dans ses bras sa fiancée le jour de ses noces. On ne tardera pas à mesurer le bien-fondé de sa terreur : au matin de la nuit de noces, la jeune mariée sera découverte « la figure horriblement lacérée, la gorge ouverte, inondée de sang », du fait d'une morsure (p. 220).

Ce n'est pas la première fois que la nuit éveille les instincts ursins du comte. Au cours de celle qui suit son arrivée au château, le professeur Wittembach voit distinctement une silhouette perchée sur un arbre et un visage qui le scrute par la fenêtre : le comte s'excuse le lendemain de ses étranges manières. Mais surtout, lorsque tous deux passent la nuit chez Mlle Iwinska après la danse de la roussalka, le comte prend une précaution étrange :

> Il prit son fusil et son couteau de chasse, qu'on avait déposés dans notre chambre, et les mit dans une armoire dont il retira la clé. – Voulez-vous la garder ? me dit-il en me la remettant à ma grande surprise, je pourrais l'oublier [...]. (P. 210.)

Il explique ensuite au professeur pourquoi il n'aime pas avoir auprès de lui ses armes quand il dort :

> – [...] Quand j'étais aux hussards de Grodno, je couchais un jour dans une chambre avec un camarade, mes pistolets étaient sur une chaise auprès de moi. La nuit, je suis réveillé par une détonation. J'avais un pistolet à la main ; j'avais

> fait feu, et la balle avait passé à deux pouces de la tête de mon camarade... Je ne me suis jamais rappelé le rêve que j'avais eu. (P. 210.)

Plus tard, dans son sommeil,

> [i]l avait les yeux fermés, tout son corps frémissait, et de ses lèvres entr'ouvertes s'échappaient quelques mots à peine articulés.
>
> – Bien fraîche !... bien blanche !... Le professeur ne sait ce qu'il dit... Le cheval ne vaut rien... Quel morceau friand !... – Puis il se mit à mordre à belles dents le coussin où posait sa tête, et en même temps il poussa une sorte de rugissement si fort qu'il se réveilla. (P. 211.)

L'allusion aux paroles du professeur ancre celles du comte dans le prolongement de la journée qui vient de s'écouler : le rêve, si c'en est un, n'est pas arbitraire, ce qui le rend inquiétant voire prémonitoire. Mais d'où vient au comte le rythme particulier de son dédoublement de personnalité, gentilhomme le jour, ours la nuit ? Pas de son père supposé, l'ours de la forêt, ours jour et nuit, qui a violé la comtesse en plein jour. Que les divagations ursines du comte aient lieu la nuit n'a aucune nécessité narrative : il pourrait agir de jour, comme son père l'ours. Le comte Szémioth est manifestement atteint de somnambulisme, ce que le docteur Frœber interprète comme un trait de « nervosité » hérité de la mère (p. 211). Ainsi, curieusement, l'homme de science attribue à l'hérédité maternelle la libération nocturne des pulsions ursines, sans jamais supposer qu'elles puissent être des traits d'hérédité paternelle.

Mais du point de vue littéraire, il est tout à fait vraisemblable que le comte Szémioth ait hérité son somnambulisme de... Pierre de Béarn. Le scénario du dédoublement entre l'ours et le mari, fondateur des deux récits, va de pair avec une semblable expérience de dédoublement nocturne. De sa lutte contre cet autre lui-même qu'est l'ours, Pierre de Béarn ne sort que dissocié[29], atteint de ce somnambulisme que le Moyen Âge considère comme une sorte de folie mélancolique – ursine, donc[30]. Il ravive toutes les nuits la terreur engendrée chez sa femme par le retour de chasse :

29 P. Tortonese (art. cité, p. 59) observe que « [Wittembach] rencontre non pas les vestiges de la langue originelle, mais la duplicité de l'homme. L'atome se révèle être le contraire de ce qui était attendu : non pas l'indivisible, mais le divisé. Ou, pis encore, la division ».

30 M. Zink, « Froissart et la nuit du chasseur », art. cité, p. 72.

> Messire Pierre de Béarn a de usage que de nuit en dormant il se relève et s'arme et trait son espèce et se combat, et ne sçait à qui voire, si on n'est trop soigneux de li. Mais ses chambrelans et ses varlets qui dorment en sa chambre et qui le veillent, quand ils l'oent ou voient, ils [lui] vont au devant et l'éveillent et lui disent comment il se maintient, et il leur dit qu'il n'en sçait riens, et qu'ils mentent ; et aucune fois on ne lui a laissé nulles armures ni épée en sa chambre ; mais quant il se relevoit, et nulles il n'en trovoit, il menoit un tel terribouris et tel brouillis que il sembloit que tous les diables d'enfer dussent tout emporter et fussent là dedans avecques lui. Si que pour le mieux on les lui a laissées ; car parmi ce il s'oublie a lui armer et desarmer, et puis se reva coucher[31].

L'épée du XIVe siècle a laissé place dans *Lokis* au fusil du gentilhomme du XIXe, et aussi à ce même couteau de chasse dont avait voulu user le vieux comte Szémioth, « marié de deux jours » et « chevaleresque », pour tuer l'ours[32] : un couteau de chasse, relique d'un comportement digne d'un roman médiéval et qui est par ailleurs l'arme dont use Fébus lorsqu'il tue son fils, mais aussi – épisode inventé de toute pièce par Froissart – son cousin Pierre Arnaud de Béarn[33]. Par-delà les siècles, la nuit demeure le temps du combat de l'ours, du combat contre l'ours, de l'homme contre l'ours, des deux parts antagonistes de l'être : Pierre de Berne « se combat, et ne sçait à qui ». La même tournure réfléchie, usuelle en moyen français mais non obligatoire et en l'occurrence ambiguë, relatait le combat de Pierre de Béarn contre l'ours[34]. Ici, avec un verbe sans autre complément, le pronom réfléchi introduit la même ambiguïté que le pronom « le » au moment du retour de chasse : Pierre de Béarn « se combat ». Il est double. Pierre de Béarn et le comte Szémioth connaissent la même aventure nocturne : la nuit, l'homme perd son combat contre l'ours, au plus grand péril de ceux qui partagent sa chambre, et tout particulièrement de l'épouse.

31 Froissart, *Chroniques*, éd. citée, p. 330-331.

32 Voir ci-dessus note 13.

33 Véronique Lamazou-Duplan, « Froissart et le drame d'Orthez : chronique ou roman », Actes du colloque international *Jehan Froissart*, dir. Marie-Madeleine Castellani et Jean-Charles Herbin, Lille 3-Valenciennes, 30 septembre-1er octobre 2004, *Perspectives médiévales*, mars 2006, p. 111-141 (p. 114).

34 Voir ci-dessus, p. 15. Ce pronom réfléchi relèverait de la catégorie du « pronominal moyen » qui « exprime la participation de l'objet au procès en même temps qu'il accuse une certaine passivité de l'agent ». *Cf.*, Robert Martin, Marc Wilmet, *Syntaxe du moyen français*, Bordeaux, Bière, 1980, p. 202. Mais employé sans complément, il n'a pas d'autre objet que l'agent.

LE VOYAGE EN BÉARN COMME SOURCE NARRATIVE

Le récit de Froissart semble donc être au moins l'une des sources majeures de la trame narrative mériméenne. Cette hypothèse de travail est-elle vraisemblable, ou ne repose-t-elle que sur des analogies qui pourraient être accidentelles ? Et si elle est envisageable, pourquoi n'a-t-elle jamais été posée ? Pourquoi Michel Pastoureau, par exemple, qui consacre de très belles pages aux deux récits, n'a-t-il pas l'idée de les rapprocher, et pourquoi Michel Zink, qui fait trois fois référence à *Lokis* dans son article consacré aux somnambules de Froissart, ne signale-t-il pas celui-ci comme source possible de celui-là ? Parce que la recherche des sources n'est pas leur propos, dira-t-on. Mais aussi, écrit Michel Zink, parce que « l'auteur ancien n'a pas les goûts de folkloriste malicieux de Mérimée ou douillettement terrifié de son professeur Wittembach[35] ». Parce que, encore, Mérimée brouille et combine à souhait ses sources au point de les rendre méconnaissables[36]. À cette fin, la couleur locale lituanienne interfère, et occulte les similitudes des deux récits.

Parce que, enfin, le *continuum* entre Froissart et Mérimée ne va pas de soi, au moins à cette période ultime de la production littéraire de l'ancien inspecteur général des Monuments historiques. Plus jeune, en effet, Mérimée a été un lecteur précoce et fervent des *Chroniques* de Froissart. Dans une lettre au docteur Edwards datée de mars 1828, il lui promet de lui restituer bientôt les neuf volumes de l'édition des *Chroniques* par Buchon. Celles-ci avaient été publiées entre 1824 et 1826 et Mérimée, dans l'intervalle de ces courtes années, les avait lues et assimilées, puisqu'il leur emprunte la matière de *La Jaquerie* – dont le premier fragment paraît en avril 1828 dans la *Revue trimestrielle* dirigée par Buchon –, puis partiellement, de *Don Pèdre*, dont le protagoniste éponyme n'est autre que ce Pierre le Cruel qui, en 1358, réalisa la funeste prophétie de l'ours du *Voyage en Béarn* en décapitant son cousin germain, le comte de Biscaye (Jean d'Aragon). La correspondance de Mérimée

35 M. Zink, « Froissart ou la nuit du chasseur », art. cité, p. 60.

36 À propos des sources possible de la *Vénus d'Ille*, A. Fonyi (éd. citée, p. 28) livre cette remarque, tout aussi juste pour *Lokis* : « Mais aussi Mérimée savait-il peut-être mieux que ses critiques qu'une création originale implique la destruction de ses modèles. »

est assez riche en remarques sur Froissart pour que l'on mesure avec quel soin il l'a lu. Cependant, après *Don Pèdre*, la correspondance plonge Froissart dans le silence. Nul commentaire de l'épisode consacré à Pierre de Béarn. Mais silence ne veut pas dire oubli. En 1856, précisément l'année où paraît le *Manuel de langue lituanienne* d'August Schleicher fréquenté par Mérimée[37], Froissart ressurgit sporadiquement : Mérimée, en tant qu'académicien, est invité à inaugurer à Valenciennes la statue de Froissart. Événement qu'il évoque dans sa correspondance avec autant d'humour que d'ennui[38], tandis qu'il produit un bref discours, dont les clichés encomiastiques le disputent aux lieux communs du temps sur les mérites et les faiblesses du clerc hennuyer, grand historien, piètre poète[39]. Mérimée officiel joue parfaitement son rôle, son discours aussi. Mais, une nouvelle fois, la prose mériméenne s'avère un trompe-l'œil. Sous le discours convenu, le lecteur d'aujourd'hui ne peut qu'être frappé de l'originalité et de l'acuité du commentaire sur la méthode de Froissart :

> Observateur exact, sans prétendre à la profondeur, et trop modeste pour s'ériger en juge des actions humaines, Froissart en est le témoin attentif et scrupuleux, ignorant d'ailleurs par le hasard de sa naissance les préoccupations d'un patriotisme exclusif qui égarent souvent les meilleurs esprits. Plein de respect pour les grands de la terre, il n'a garde de rechercher les mobiles de leur conduite ; mais tout ce qu'il a vu, tout ce qu'il a su, il l'enregistre avec une imperturbable simplicité, terrible aussi pour les méchants. [...] Froissart nous apprend lui-même comment il composa son histoire. Il interrogeait sans cesse les hommes éminents, guerriers ou politiques, et se faisait raconter par eux les événements où ils avaient eu part. Il entreprit de longs et pénibles voyages pour se livrer à ses recherches, qu'il appelle des *enquestes*, sachant que son devoir d'historien ressemble à celui du magistrat chargé de rendre la justice.

37 Il s'agit probablement d'une coïncidence dont il n'y a rien à inférer, puisque c'est par deux lettres plus tardives, l'une à Tourguéniev datée du 9 octobre 1868, l'autre, surtout, du 25 mai 1867 à Alexandre Przezdziecki, *C. G.*, t. XVI, p. 441 (« Hier à l'Institut j'ai ouvert la grammaire lithuanienne de Schleicher ») que l'on sait que Mérimée a lu ce manuel. *Cf.* Paolo Tortonese, art. cité, p. 42.

38 Voir les lettres au chancelier Pasquier du 12 septembre 1856, *C. G.*, t. VIII, p. 126 ; à Alfred Arago, entre le 14 et le 21 septembre 1856, *C. G.*, t. VIII, p. 128 ; à Madame de Broigne, le 25 septembre 1856, *C. G.*, t. VIII, p. 130-131. Voir sur ce sujet la présentation par Valérie Fasseur du « Discours d'inauguration de la statue de Froissart à Valenciennes », dans Mérimée, *Écrits sur la littérature*, t. V de la section I, *Littérature*, dir. Antonia Fonyi, des *Œuvres complètes*, Paris, Champion, à paraître.

39 Le romantisme n'a fait que prolonger une distinction déjà établie à la fin du Moyen Âge si, comme Michel Zink (*Froissart et le temps*, Paris, Presses universitaires de France, 1998, p. 38), on en croit le nombre de manuscrits conservés des différentes œuvres de Froissart.

> À cet amour si noble de la vérité, il joint un art d'autant plus admirable qu'il s'ignore lui-même, celui de saisir, avec un tact sûr, au milieu des récits qu'il écoute de toutes parts, ces détails frappants de naturel, qui ne s'inventent point, et qu'il faut recueillir de la bouche même des hommes d'action[40].

L'attention de Mérimée se porte sur la démarche particulière de Froissart, qui consiste à croiser les témoignages, en « enquêtant » lui-même : des « récits que [Froissart] écoute de toutes parts », recueillis « de la bouche même des hommes d'action ». Or cette démarche ne caractérise pas l'ensemble des *Chroniques*. Dans les deux premiers livres, Froissart « se greffe[41] » sur l'œuvre de Jean le Bel, qu'il explique compiler. Et, comme l'écrit Michel Zink, « [sa] matière [...] est au départ "impersonnelle" et ne relate pas des événements dont Froissart aurait été le témoin ou l'acteur[42] ». C'est ailleurs que, « au moment où les *Chroniques* rattrapent l'événement, où elles n'ont plus pour objet le récit d'un passé, même proche, mais le traitement de l'actualité, leur méthode change, et avec elle la nature de l'ouvrage[43] » ; c'est ailleurs que Froissart devient l'« observateur », « le témoin attentif et scrupuleux » dont parle Mérimée, et qu'il décrit lui-même cette méthode nouvelle, qu'il se raconte partant en voyage, « en quête » d'informations, interrogeant des témoins choisis, « s'enquerrant[44] » auprès d'eux. Cette méthode nouvelle occupe le prologue du *Voyage en Béarn*. Mérimée s'inspire directement de ce texte, dont il paraphrase presque les termes :

> [...] et bien sçavois que se pouvois venir en son hôtel [...], je ne pourrois mieux cheoir au monde pour être informé de toutes nouvelles ; car là sont et fréquentent volontiers tous chevaliers et écuyers étranges pour la noblesse d'icelui haut prince[45].

---

40 Mérimée, « Discours d'inauguration de la statue de Froissart à Valenciennes », *Mémoires de l'Institut impérial de France*, Académie des Inscriptions et Belles-Lettres, t. 20, Paris, Imprimerie impériale, 1861, première partie, p. 266.

41 M. Zink, *Froissart et le temps*, *op. cit.*, p. 45-46.

42 *Ibid.*, p. 49.

43 *Ibid.*, p. 63. Voir aussi Peter Ainsworth, *Jean Froissart and the Fabric of History. Truth, Myth, and Fiction in the Chroniques*, Oxford, Clarendon Press, 1990.

44 Le verbe encadre notamment le prologue, avec une occurrence dans le sous-titre : « Comment messire Jehan Froissart *enquéroit* diligemment comment les guerres s'étoient portées par toutes les parties de la France », et une autre en conclusion : « Ainsi fus-je en l'hôtel du noble comte de Foix requeilli et nourri à ma plaisance. Ce étoit ce que je désirois à *enquerre* toutes nouvelles touchants à ma matiere ». Je souligne. (Froissart, *Chroniques* Livre III, éd. citée, p. 216, 220.)

45 Froissart, *Chroniques*, Livre III, éd. citée, p. 219.

Cette méthode nouvelle de Froissart s'exacerbe, au fil du récit, à propos d'un événement tabou[46] : Fébus a-t-il, comme le dit la rumeur, dans l'un de ces accès de fureur dont il est coutumier, tué son seul fils légitime, Gaston IV, âgé de 18 ans, qui avait tenté de l'empoisonner à l'instigation de son oncle maternel, Charles II de Navarre[47] ? Ce scénario, qui n'a rien à envier à celui de *La Reine Isabeau* de Villiers de l'Isle-Adam, avait tout pour nourrir le goût médiévaliste du XIXe siècle pour les intrigues et la barbarie du Moyen Âge finissant et celui, revendiqué, de Mérimée, pour les mémoires et l'anecdote plutôt que pour l'histoire[48]. L'événement est su de tous et entouré d'omerta. Le meurtre ne peut qu'occuper une place ambiguë dans le *Voyage en Béarn* où Froissart tisse un éloge tout aussi ambigu de son hôte, « ce prince au surnom solaire [qui] ne vivait que la nuit[49] », prestigieux et inquiétant, mélancolique, insomniaque bourrelé de remords mais colérique notoire, qui organise de grands banquets nocturnes au cours desquels, tous les minuits pendant trente nuits, Froissart lui lit mille vers de son *Méliador*, roman arthurien en vers, dernier du genre. C'est pour réaliser le portrait complexe de ce prince de la nuit que Froissart devient « grand reporter », selon l'expression de Pierre Tucoo-Chala[50], qu'il se met à recueillir et à ordonner les témoignages pour qu'en creux, derrière le portrait solaire de celui qu'il ne nomme jamais Fébus, se profile tacitement la part d'ombre[51]. Froissart renonce à parler en son nom de son hôte dont il a d'abord livré une peinture élogieuse[52]. Mais toujours présent, en retrait mais en surplomb, et à l'intérieur du cadre narratif qu'est son propre voyage, il recueille des

46 Michel Zink, dans *Froissart et le temps*, *op. cit.*, a montré que cette nouvelle manière, inaugurée dans le *Voyage en Béarn*, se poursuit ensuite dans le Livre IV et dans la version réécrite du Livre I des *Chroniques*.

47 Gaston IV, seul fils légitime de Gaston III Fébus, est mort en 1380.

48 Voir *Chronique du règne de Charles IX*, Paris, Charpentier, 1869, p. 3.

49 Michel Zink, *Froissart et le temps*, *op. cit.*, p. 12.

50 Pierre Tucoo-Chala, « Froissart, le grand reporter du Moyen Âge », *L'Histoire*, n° 44, avril 1982, p. 52-63.

51 Véronique Lamazou-Duplan, « Froissart et le drame d'Orthez : chronique ou roman », art. cité ; Jacqueline Cerquiglini-Toulet, « Soleil d'or, soleil noir. Des princes et de leur nom chez Jean Froissart », *Froissart à la cour de Béarn. L'écrivain, les arts et le pouvoir*, éd. V. Fasseur, Turnhout, Brepols, 2009, p. 63-71.

52 Sur la complexité et les enjeux politiques de ce portrait, voir Véronique Lamazou-Duplan, « Froissart à Orthez : prince modèle ou modèle pour le prince ? De la réécriture de l'histoire au miroir », *Froissart à la cour de Béarn*, *op. cit.*, p. 85-109.

témoignages, les croise, les confronte, les entrechoque, les ordonne, les laisse en suspens, pour laisser émerger une vérité qui ne sera jamais dite. Et c'est ainsi qu'après avoir chevauché en compagnie d'Espan de Lion dont il n'a réussi à obtenir que des informations parcellaires, il interroge, de retour au château, un vieil écuyer, à propos de la mort du jeune Gaston, puis de cet étrange Pierre de Berne, demi-frère de Fébus, qu'il voit à la cour. Froissart, raconte le *Voyage en Béarn*, s'étonne que Pierre de Béarn n'ait pas de progéniture ; est-ce une malédiction qui frappe les deux demi-frères, alors que le vieil écuyer vient de raconter la mort accidentelle du jeune Gaston IV juste après le passage de son père dans sa prison, où celui-ci lui effleura involontairement une veine du cou de la pointe d'un petit couteau de chasse ? La dénégation de l'écuyer donne l'essor au récit de l'ourserie qui redouble celui, suggéré, de l'infanticide : les deux frères avaient bien des enfants, tous deux en ont été privés à cause de leur brutalité. Pierre de Béarn avait bien des enfants, mais leur mère s'est enfuie avec eux. Fébus avait bien un fils légitime, mais on raconte que… Il lui reste ses fils bâtards, dont Yvain, son préféré[53]. Les enchâssements dialogiques régissent le récit, dans lequel la voix du narrateur s'élève ensuite sous le masque ovidien de la fable d'Actéon. Un homme-ours réfugié chez son demi-frère solaire et prince de la nuit – deux versants, peut-être, d'une même dualité, que l'ironie du sort scellera tragiquement : Fébus mourra au retour d'une chasse à l'ours, en 1391, c'est-à-dire trois ans après le passage de Froissart à la cour d'Orthez. Il n'est cependant pas exclu que Froissart, qui raconte l'événement de manière très circonstanciée dans le livre IV des *Chroniques*[54], ait ensuite retouché son récit pour donner à l'histoire de Pierre de Béarn tout le retentissement symbolique que requiert sa complémentarité avec celle de Fébus[55]. On ne saurait mieux dire que Michel Zink la complexité de la construction narrative :

53 Sur la descendance de Fébus, voir V. Lamazou-Duplan, « Froissart et le drame d'Orthez : chronique ou roman », art. cité, p. 115.

54 Sur ce récit et son analyse, voir Pierre Tucoo-Chala, *Gaston Fébus, Prince des Pyrénées (1331-1391)*, Pau, Deucalion, 1993, p. 337-339.

55 Il ne s'agirait pas d'un fait isolé dans la manière tardive des *Chroniques*. À propos du récit du destin du pape Benoît XIII, que Froissart ramène en arrière, M. Zink (*Froissart et le temps*, *op. cit.*, p. 110) note : « On peut surtout en conclure qu[e Froissart] force la chronologie ». M. Zink (« Froissart et la nuit du chasseur », art. cité, p. 62), observe aussi que certains épisodes du *Méliador*, dont l'épisode du somnambulisme de Camel de Camois, n'ont pu qu'être remaniés après le passage de Froissart à Orthez.

> Ce qui frappe dans le *Voyage en Béarn*, qui est supposé raconter des faits réels, c'est l'enchâssement et en même temps les rencontres des voix du récit : voix « fondamentale » de Froissart le narrateur et, à l'intérieur de la narration, voix de Froissart le voyageur, interrogeant ses informateurs, commentant leurs récits insérés dans celui du narrateur, voix de ces interlocuteurs (Espang de Lyon, l'écuyer, le Bascot de Mauléon) et voix des personnages de leurs récits[56].

Voilà le Froissart dont Mérimée, dans son discours de 1856, fait l'éloge. Un Froissart qui n'est pas celui de la *Jaquerie* ni de *Don Pèdre*, un Froissart dont Mérimée ne semble jamais rien avoir écrit ailleurs, et dont le surgissement, après douze ans de silence dans la correspondance, a de quoi surprendre : malgré ce silence objectif, le Mérimée de 1856 n'a pas oublié Froissart, il en dévoile au contraire un jour nouveau, subtil, moderne, d'une exceptionnelle pénétration. Froissart ne disparaît donc pas de l'horizon mériméen au moment où l'on serait tenté de le croire si l'on s'en tient à la correspondance. Il l'accompagne même très longtemps, jusqu'à la fin de sa vie, jusqu'à *Lokis*. Car cette subtilité extrême de la construction à laquelle se livre Froissart « enquêteur », Mérimée la relève dans son discours de Valenciennes, mais surtout il la met en œuvre, à son tour, dans *Lokis*, dont Michel Pastoureau observe :

> Il n'est [...] pas sûr que les dames de la cour aient compris tous les ressorts de l'histoire tant le récit est construit autour d'emboîtements successifs, et la monstrueuse vérité, jamais dévoilée de manière explicite mais seulement suggérée[57].

Même matière ursine, même méthode narrative : le professeur Wittembach, comme Froissart, tient un journal de voyage, mais l'auteur-narrateur se place en retrait pour laisser la confrontation des témoignages et des enchâssements opérer au-dehors de sa propre parole. Le professeur Wittembach consigne les témoignages, en particulier celui du docteur Frœber (comme Froissart celui de l'écuyer) qu'il confronte aux faits qu'il observe lui-même, et parmi lesquels prennent place trois récits enchâssés : la ballade des trois fils de Boudrys, racontée par Wittembach, la légende de la république des animaux, distribuée entre le comte et la vieille sorcière, la légende de la roussalka, enfin, racontée et dansée

56 M. Zink, « Froissart et la nuit du chasseur », art. cité, p. 76.

57 M. Pastoureau, *L'ours*, *op. cit.*, p. 288-289. Dans la note 9 qui suit cette citation, M. Pastoureau renvoie à deux travaux critiques sur *Lokis* : E. Schmittlein, « *Lokis* ». *La dernière nouvelle de Prosper Mérimée*, Baden-Baden, 1949 ; D. Leuwers, « Une lecture de *Lokis* », Europe, n° 557, septembre 1975, p. 70-76.

par Iwinska, avec le comte dans le second rôle, mais qui en empêche le dénouement attendu : alors que la nymphe devrait l'emporter au fond du marais et « le croquer[58] », il la serre si fort qu'elle lui reproche de se conduire comme un ours.

Mais il y a un autre leurre narratif : ces trois récits ne sont pas les seuls éléments exogènes enchâssés. Dans cette nouvelle, où commence, en fait, l'insertion d'un élément exogène ? Dans le *Voyage en Béarn*, Froissart, souvenons-nous, pour suggérer que l'ours qui prophétise la mort prochaine du comte de Biscaye est peut-être un homme métamorphosé en ours et symétriquement que Pierre de Berne est peut-être un ours d'apparence humaine, raconte la légende d'Actéon, métamorphosé en cerf pour avoir entrevu Diane à la fontaine, et finalement dévoré par ses propres chiens. Les traités cynégétiques, dont celui, célèbre, de Gaston Fébus, rapportent que les cerfs, pour échapper aux veneurs, ont coutume de chercher refuge dans des étendues d'eau[59]. Mais Actéon, symboliquement, effectue un parcours inverse : c'est la vision de l'étendue d'eau qui le condamne, à la métamorphose d'abord, à la mort ensuite. Le comte Szémioth raconte, *mutatis mutandis*, une histoire analogue, dont il fut d'abord le témoin oculaire, tout en en étant la cause :

> Vous saurez, monsieur le professeur, que du côté que [la vieille] indique est un marais infranchissable, un lac de boue liquide recouvert d'herbe verte. L'année dernière, un cerf blessé par moi s'est jeté dans ce diable de marécage. Je l'ai vu s'enfoncer lentement, lentement… Au bout de deux minutes, je ne voyais plus que son bois ; bientôt, tout a disparu ; et deux de mes chiens avec lui. (P. 202.)

Comme Actéon, le cerf pourchassé par le comte trouve la mort par l'eau, qui aurait dû le sauver. Mais le jeu de miroir ne relie pas seulement le cerf de *Lokis* à Actéon. L'épisode de la roussalka, en effet, apporte une explication tacite et surnaturelle à l'engloutissement du cerf dans le marécage : au fond des marécages, raconte Iwinska, la roussalka attire sa proie, inexorablement, pour la croquer. Comment ne pas imaginer que le cerf est devenu la proie de la roussalka, et que, par conséquent, la

---

58 « Une roussalka est une nymphe des eaux. Il y en a une dans toutes ces mares pleines d'eau noire qui embellissent nos forêts. Ne vous en approchez pas ! La roussalka sort, encore plus jolie que moi, si c'est possible ; elle vous emporte au fond, où, selon toute apparence, elle vous croque… » (P. 205.)

59 M. Zink, « Froissart et la nuit du chasseur », art. cité, p. 70, note 34.

roussalka a dépossédé le comte Szémioth de la proie qui était la sienne ? Voilà le comte et la roussalka installés dans un rapport de similitude et de concurrence, ensuite incarné par la danse effectuée sous les yeux de Wittembach. Similitude et concurrence : la roussalka a pris le cerf que pourchassait Szémioth. Mais à la fin de la danse, elle ne peut emporter Szémioth, qui lui échappe par son geste d'ours. Dans la danse, la roussalka est incarnée par Iwinska, et le comte se conduit en ours. De l'ours et de la roussalka, d'Iwinska et de Michel, de ces deux personnages doubles[60], on ne sait plus, dès lors, qui sera la proie, qui le prédateur. Si son geste d'ours sauve, symboliquement, le comte à la fin de la danse, sa morsure d'ours entraîne la mort bien réelle de sa fiancée. Mais celle-ci, en libérant sa pulsion sauvage, tue en lui sa part de culture, sa part humaine. Le comte policé et diurne a perdu son combat contre l'ours de la nuit. L'étreinte nuptiale d'Iwinska-Roussalka a rendu Michel-Miszka aux ténèbres de son origine, au drame de sa conception. Marécage ou forêt ? Il est devenu un double du cerf englouti qui signifie rétrospectivement, comme l'Actéon de Froissart, l'accomplissement de la métamorphose en ours.

LA MALICE SZÉMIOTIQUE

Il n'en reste pas moins qu'entre le moment où Mérimée écrit son discours d'inauguration, où il décrit si précisément la méthode de Froissart que *Lokis* imite, et la rédaction de la nouvelle, treize ans s'écoulent sans que le nom du chroniqueur ressurgisse dans la correspondance du nouvelliste. Les similitudes entre les deux récits sont cependant trop nombreuses pour être des coïncidences. Lorsqu'il écrit *Lokis*, Mérimée n'entretient plus avec le Moyen Âge le même rapport que lorsqu'il écrivait *La Jaquerie*. Le Moyen Âge était alors prétexte à une peinture critique de l'époque contemporaine. La couleur locale médiévale était le masque de l'engagement de l'écrivain dans l'histoire immédiate. Dans *Lokis*, les enjeux se sont déplacés : la couleur locale lituanienne occulte une

60 Iwinska-Roussalka doit être ajoutée à la liste des personnages doubles inventoriés par Thierry Ozwald, « Le récit endiablé de Mérimée », *Prosper Mérimée. Écrivain, archéologue, historien*, *op. cit.*, p. 149-158 (p. 151).

réflexion sur le retour aux origines dont la destinée du comte Szémioth pourrait être une malicieuse allégorie[61].

La légende enchâssée de la roussalka, mise en abyme du destin qui lie le comte Szémioth à sa fiancée, fonctionne d'autant mieux qu'elle réitère en la resémantisant l'histoire de la chasse au cerf racontée par le comte Szémioth, et qu'elle consomme l'autre récit enchâssé qu'est la fable de la république des animaux, assortie de la recommandation prophétique de la vieille qui invite le comte à rejoindre la forêt pour devenir le roi des animaux :

> – Bonne femme, dis-je à la vieille, n'as-tu pas entendu parler d'un canton de cette forêt où les bêtes vivent en communauté, ignorant l'empire des hommes ?
> La vieille fit un signe de tête affirmatif, et, avec son petit rire moitié niais, moitié malin :
> – J'en viens, dit-elle. Les bêtes ont perdu leur roi. *Noble*, le lion, est mort ; les bêtes vont élire un autre roi. Vas-y, tu seras roi, peut-être. [...] Tu seras leur roi, non pas lui ; tu es grand, tu es fort, tu as des griffes et des dents. (P. 201-202.)

La vieille femme engage le comte Szémioth à quitter le monde des hommes pour rejoindre le secret de son origine, ce qu'il fera, jusqu'aux dernières extrémités, durant la nuit de noces.

Mais ce n'est pas tout. Dans cette Lituanie du XIXe siècle où un savant emblématique des sciences philologiques nouvelles, le spécialiste de linguistique comparée Wittembach, côtoie des personnages du XIXe siècle, le roi des animaux, qui vient de mourir dans la forêt, est Noble le lion. Ce XIXe siècle lituanien abrite, par la voix d'une vieille femme pittoresque, exemplaire de « couleur locale » lituanienne, un peu de Moyen Âge français : Noble le lion est le roi des animaux du *Roman de Renart*, à propos duquel se conclut aussi la nouvelle. L'incorrigible Wittembach ne peut s'empêcher de laisser à l'érudition philologique le dernier mot de la tragédie dont il achève le récit :

> – Vous savez que dans le roman de Renart l'ours s'appelle *damp Brun*. Chez les Slaves, on le nomme Michel, Miszka en lithuanien, et ce surnom remplace presque toujours le nom générique, *lokis*. C'est ainsi que les Français ont oublié leur mot néolatin de *goupil* ou *gorpil* pour y substituer celui de renard. Je vous en citerai bien d'autres exemples... (P. 221.)

---

61 Qui redoublerait celle qu'A. Fonyi reconnaît dans le motif de « la disparition des langues » (Introduction à *La Vénus d'Ille et autres nouvelles*, éd. citée, p. 23).

Le conte de la vieille femme creuse dans la surface narrative une perspective chronologique profonde, les événements du XIXe siècle sont disposés en gros plan sur le fond de la légende médiévale que le comte est appelé à perpétuer. La vieille sorcière est une autre roussalka, qui n'engloutit pas sa proie dans l'espace marécageux, mais, conformément à la mémoire de son âge, dans la profondeur du temps médiéval, qu'elle désigne comme l'autre origine du comte Szémioth – son origine légendaire qui redouble son origine biologique[62]. « Mise en scène de la recherche d'un idiome primitif, d'autant plus primitif qu'il n'est pas slave, remont[ant] à un état plus archaïque de la langue, plus proche de la souche indo-européenne[63] », *Lokis* ajoute à sa « pluralité culturelle[64] » une langue primitive qui passe curieusement inaperçue au regard pourtant acéré de ses lecteurs les plus érudits : le français du Moyen Âge, auquel la nouvelle doit son cadre narratif hérité de Froissart et son mot de la fin, où l'ours, décliné en ses noms divers – Michel, Miszka, lokis – s'efface pour laisser place à un autre roi de la malice, un roi analogique dont le nom métamorphosé s'impose comme modèle de l'avatar linguistique : *goupil*, *gorpil*, renard.

Or, nous venons de le voir, le modèle le plus probable du comte Szémioth est médiéval, sans être toutefois le ridicule ours Brun du *Roman de Renart* grâce auquel Mérimée instaure la profondeur multiséculaire, et qu'il préfère mentionner plutôt que l'épisode du *Voyage en Béarn* à la fois parce qu'il est plus populaire et qu'il permet de préserver, tout en désignant le Moyen Âge, le trompe-l'œil général qui entoure la source froissardienne.

Le phénomène est troublant. On peut se demander s'il s'agit d'un travail ordinaire de réécriture de source ou d'un procédé plus subtil, plus malicieux. Alors qu'à propos de *La Vénus d'Ille*, Mérimée restait évasif sur ses sources au point d'en donner « des explications plus ou moins embrouillées ou farfelues[65] » et de se montrer presque désagréable avec Francisque Michel qui lui indiquait avoir lu la même histoire dans la *Chronique* de Joannes Brompton[66], il accorde dans *Lokis* une place véritable à la question des sources narratives. En brouillant l'emprunt à Froissart, il procède à l'intention de son lecteur comme Iwinska avec le professeur Wittembach lorsqu'elle le

62 Le creusement temporel ne s'arrête pas au Moyen Âge, puisque la Lituanie est aussi un pays où vivent encore des animaux préhistoriques : le mammouth et l'urus (p. 199).

63 P. Tortonese, art. cité, p. 44.

64 *Ibid.*, p. 55.

65 Olivier Poisson, « *La Vénus d'Ille* entre archéologie et littérature en 1834 », art. cité, p. 27.

66 A. Fonyi, Introduction à *La Vénus d'Ille et autres nouvelles*, éd. citée, p. 27.

trompe sur l'origine de la ballade des trois fils de Boudrys, dont la présence dans la nouvelle prend soudain un relief nouveau. La ballade est peut-être moins là pour la fameuse « couleur locale » que, à l'instar des autres récits insérés, pour mettre en abyme le processus à l'œuvre dans l'ensemble de la nouvelle ; le professeur Wittembach, dupe d'Iwinska, se trompe sur l'origine de la nouvelle, de même que Mérimée l'a d'abord, en la traduisant indépendamment et avant de l'insérer dans la nouvelle, attribuée à Pouchkine qui l'avait lui-même traduite de Mickiewicz :

> La ballade est de Mickiewicz. Pouchkine l'a traduite en russe, et Mérimée de russe en français, croyant qu'elle était de Pouchkine. [...] Ici, il donne une traduction plus proche de l'original[67].
>
> L'ironie porte non seulement sur la propre méprise de Mérimée qui avait attribué la ballade de Mickiewicz à Pouchkine, mais aussi sur l'erreur de ceux qui ont traduit des pièces de *La Guzla* en d'autres langues, croyant qu'elles étaient en effet des traductions de poèmes illyriens. Pouchkine était du nombre[68].

L'expérience de l'erreur sur les sources est précoce chez Mérimée, et sujette à bonne humeur :

> Quand on veut vivre et mourir en antiquaire, il faut de la philosophie et prendre son parti gaiement lorsqu'on a été mystifié,

écrit-il à Léonce de Lavergne en 1835[69].

Dans *Lokis*, instituant une joyeuse « guerre du faux[70] » comme moteur littéraire, il mystifie son lecteur sur la source principale de la nouvelle, en la dissimulant sous d'autre emprunts plus visibles et l'exotisme lituanien. Au moment où il rend ses lecteurs, y compris ses savants correspondants, complices du bon tour qu'il joue aux dames de Compiègne, il n'est pas exclu, sans que l'on puisse en avoir la trop voyante certitude, qu'il leur joue sciemment le bon tour de les diriger sur une fausse piste interprétative, ou du moins, sur une piste insuffisante et secondaire, comme l'est aussi le contexte lituanien. Lokis n'est pas un ours lituanien, c'est un ours des Pyrénées exporté en Lituanie. *Lokis* n'est pas une histoire du XIXe siècle,

67 *Ibid.*, note 30 de la p. 225.

68 *Ibid.*, note 32.

69 Françoise Bercé, « Les enjeux et les contradictions de l'archéologie et de la politique… », art. cité, p. 11. Lettre du 29 juillet 1835, *C. G.*, t. I, p. 449.

70 Françoise Bercé, « Les enjeux et les contradictions de l'archéologie et de la politique… », art. cité, p. 7.

c'est une histoire médiévale transportée au XIXe siècle. *Lokis* n'est pas une pochade scabreuse sur le viol par un ours d'une comtesse folle[71], c'est l'histoire des origines invisibles d'un fait littéraire, dont l'état qui est donné à voir est le fruit d'une série de métamorphoses et de signes cachés auxquels les plus savants des lecteurs ne voient que du feu, ou, du moins, auxquels ils sont incapables de donner sens. Même si Wittembach « n'est pas seulement une caricature d'universitaire allemand[72] », du fait qu'ayant écrit le récit qu'il lit en même temps que nous, il a réussi à agencer les signes qui font sens, la narration est celle de son initiation à la maîtrise sémiotique, conquise au prix de la tragédie dont il s'est fait complice à son corps défendant. Dans le cours de son histoire avec Szémioth, c'est tout un rapport à la vérité positive, ou positiviste, portée aussi par ces savants, antiquaires, médecins, linguistes, mis en scène sous les traits de Wittembach, du docteur Frœber, de Monsieur de Peyrehorade dans *La Vénus d'Ille*, que Mérimée tourne en dérision, en même temps qu'il lance malicieusement ses correspondants dans une lecture qui exclut qu'ils se reconnaissent eux-mêmes dans ces savants mauvais lecteurs de signes. Mérimée avait regretté d'apprendre que le nom de Szémioth, appartenant à un correspondant de Mickiewicz[73], n'était pas celui, comme il l'avait d'abord cru, d'une famille éteinte[74]. Mais peut-être l'avait-il choisi parce que son protagoniste est à lui seul une mise à l'épreuve sémiotique, d'abord au sens premier que la langue française connaît à ce mot :

> 1555 *semeiotique* « partie de la pathologie qui traite des signes auxquels on reconnaît les maladies » (Vidius, *Les Anciens et Renommés Auteurs de la medecine et chirurgie*, p. 922)[75],

---

71 Dans la plus pure tradition médiévale, la dynamique du travestissement s'empare aussi de l'auteur qui, absent du texte, ne cesse d'être représenté sous différents masques : celui de l'ourse qui lèche le comte Szémioth, comme Mérimée écrit à Jenny Dacquin le 2 janvier 1869 qu'il a léché son ours (voir supra, note 2); celui de Wittembach, féru de langues vivantes et qui commet l'erreur sur l'origine de la ballade des trois fils de Boudrys ; celui de Mlle Iwinska, qui trompe le savant sur l'origine de cette ballade. Nul doute que d'autres approches mettraient au jour d'autres facétieux travestissements, qui sont un moteur littéraire extrêmement fécond, au moins autant qu'un trait psychique (*cf.* Anne Clancier, « Mérimée et le travestissement », *Prosper Mérimée. Écrivain, archéologue, historien*, *op. cit.*, p. 191-196).

72 P. Tortonese, art. cité, p. 39.

73 Mérimée, *Romans et nouvelles*, texte établi et annoté par Henri Martineau, Paris, Gallimard, « Bibliothèque de la Pléiade », 1934, p. 848, n. 3.

74 Lettre du 14 octobre 1869 à Alexandre Przezdziecki, citée par A. Fonyi, Mérimée, *La Vénus d'Ille et autres nouvelles*, éd. citée, p. 223, note 4.

75 TLFI, https://www.cnrtl.fr/etymologie/sémiotique. (Consulté le 15 décembre 2021.)

ensuite au sens moderne qui émerge des sciences nouvelles de la linguiste du XIXe siècle dont Wittenbach est le représentant, et que nous lui connaissons aujourd'hui.

De même que le professeur Wittembach et le docteur ont sous les yeux tous les signes que Szémioth est un ours et refusent obstinément d'admettre cette vérité, le lecteur, malgré les deux références au *Roman de Renart* et le jeu spéculaire des récits insérés, ne voit pas le sens sous-jacent de la nouvelle : le lecteur savant n'est pas plus perspicace que les dames de Compiègne, que Mlle Iwinska qui les redouble, que Wittembach qui prend la ballade pour un vieux poème lituanien, que les deux savants protagonistes du récit. Quel drame le guette ? Ou à quel drame consent-il ?

Peut-être à la perte du mystère de la création littéraire, qui châtie ceux qui tentent de mettre en lumière les causes premières[76]. Peut-être l'erreur existentielle, partagée par les deux savants, que l'exercice de la raison, qu'il soit observation médicale ou argument philosophique, est le seul moyen d'y voir clair dans la complexité de la nature originaire et d'en contenir les débordements. Seul le comte Szémioth en doute, et ce n'est pas un hasard si l'exemple qu'il donne est formulé à la première personne :

> – Vous parlez de la raison bien à votre aise ; mais est-elle toujours là, comme vous dites, pour nous diriger ? Pour que la raison parle et se fasse obéir, il faut de la réflexion, c'est-à-dire du temps et du sang-froid. A-t-on toujours l'un et l'autre ? Dans un combat, je vois arriver sur moi un boulet qui ricoche, je me détourne et découvre mon ami, pour lequel j'aurais donné ma vie, si j'avais eu le temps de réfléchir. (P. 213.)

Dans cette nouvelle testamentaire, Mérimée raille l'illusion de clairvoyance de la pure raison. Lui-même, fin analyste des monuments médiévaux, fin lecteur, aussi, de la littérature de cette époque, délaisse le discours du savant pour donner naissance à la plus médiévale de ses productions. La plus médiévale non par les signes visibles de son héritage que seraient la couleur locale ou un tour de roman historique, mais par la subtilité du dispositif sémiotique mis en œuvre, dont les multiples rebonds sont dignes de la grande époque allégorique médiévale, que Froissart prolonge en entourant de mystère son récit sur Pierre de Béarn. Les similitudes entre le récit de Froissart et celui de Mérimée ne sont

76 La « passion pour l'archè » de Mérimée passe par le consentement à son mystère impénétrable. Voir A. Fonyi, « La passion pour l'archè », *Prosper Mérimée. Écrivain, archéologue, historien*, *op. cit.*, p. 197-207, en part. p. 197-199.

pas une coïncidence de réminiscences folkloriques. Au terme de sa vie d'écrivain, Mérimée n'a plus besoin de montrer sa science médiévale, il n'a plus besoin de commenter le Moyen Age en ses œuvres : il lui suffit de jouer avec sa matière, parce qu'il en a pleinement incorporé la manière. Technique délibérée ou effet d'une longue imprégnation ? Combinant diverses sources fréquentées par le passé et que sa mémoire a unies en les assimilant, il accomplit la vocation poétique telle que Michel Zink la définit à propos de Froissart : « la poésie, cette lutte constante contre le démembrement, est de même une victoire sur le démembrement[77] ». Lorsqu'il évoque dans sa correspondance sa nouvelle comme une malicieuse mystification à l'intention des dames de Compiègne, Mérimée use de la même malice envers ses savants correspondants, en dissimulant, comme la naissance de l'ours, la principale source de son récit, que les autres réactivent. Le lecteur, comme le professeur Wittembach qui, non content de se laisser prendre à la mystification de la jeune fiancée sur la ballade des trois fils de Boudrys, « passe à côté de la révélation du mystère[78] », comme, surtout, César en quête de la source du Nil[79], est condamné soit à l'erreur, soit à une exploration sans fin, mais dont l'infinitude est aussi la jouissance. Heureux soit-il si, consentant au double piège, il perçoit la persistance dans l'imaginaire mériméen de la source froissardienne, et ce que cette persistance révèle de l'extraordinaire faculté de remembrance, mais aussi, si on en doutait encore, de l'inégalable sens de la facétie déployé par l'inspecteur général des Monuments historiques. *Cave venantem.*

Valérie FASSEUR
Université Paul-Valéry
Montpellier 3
Centre d'Études médiévales de
Montpellier

77 Michel Zink, débat à la suite de l'article de J. Cerquiglini-Toulet, « Démembrement et dévoration… », art. cité, p. 102.

78 A. Fonyi, introduction à *La Vénus d'Ille et autres nouvelles*, éd. citée, p. 23.

79 Lettre du 18 mai 1860 à Madame de La Rochejaquelein, citée par A. Fonyi, *ibid.*, p. 20.

ANNEXE
Tableau récapitulatif des principales coïncidences narratives entre *Lokis* et le *Voyage en Béarn*

	Chez Froissart	Chez Mérimée
Cadre narratif	Un journal de voyage avec insertions de témoignages, confrontés aux observations personnelles du narrateur.	Un journal de voyage[80] avec insertions de témoignages, confrontés aux observations personnelles du narrateur.
Traumatisme originel	Le comte de Biscaye tue un ours, qui, en retour, prophétise sa mort violente et prochaine.	Le comte Szémioth père veut tuer seul l'ours qui a enlevé sa femme avec son seul couteau de chasse.
Réitération du traumatisme	Pierre de Berne tue seul, armé de son épée de Bordeaux, un ours monstrueux qui a tué quatre de ses chiens.	
	La fille du comte de Biscaye revit la mort de son père après le retour de chasse à l'ours de son mari, Pierre de Berne, en qui elle reconnaît un ours. Elle fuit en emmenant ses enfants.	La comtesse Szémioth, violée par l'ours, reconnaît l'ours en son fils et revit son propre enlèvement.

80 Comme l'a bien remarqué Daniel-Henri Pageaux (« Figures du voyageur ou Mérimée Protée voyageur », *Prosper Mérimée. Écrivain, archéologue, historien, op. cit.*, p. 159-166), un récit de voyage est souvent la matrice des récits de Mérimée. *Lokis* a cependant ceci de singulier qu'il se présente de manière explicite comme un journal de voyage, à l'instar du récit de Froissart.

Acquiescement au surnaturel par une insertion légendaire	Froissart explique par la fable d'Actéon empruntée à un vieux conteur, Ovide, que l'ours qui a annoncé la mort du comte de Biscaye était peut-être un homme métamorphosé en ours.	La vieille sorcière fait référence au *Roman de Renart* pour annoncer à Michel Szémioth qu'il deviendra le roi des animaux après Noble le lion parce qu'il a des griffes et des dents. Michel Szémioth raconte comment le cerf qu'il poursuivait s'est noyé dans un marais, avec deux de ses chiens.
Victoire de l'ours	Gaston Fébus meurt après une chasse à l'ours.	Michel Szémioth, rattrapé par sa nature ursine, tue sa femme en usant de ses griffes et de ses dents, et disparaît pour toujours.

OURSERIES
(SAND, MÉRIMÉE)

Il peut arriver qu'une anecdote empruntée à la vie s'éclaire à la lumière des œuvres, et réciproquement, même quand elle semble si triviale qu'on serait bien tenté de l'enfouir dans l'oubli. Ainsi d'un célèbre *fiasco* qui réunit et sépara, en 1833, George Sand et Prosper Mérimée. Sand en a donné sa version dans une lettre à Sainte-Beuve, le 24 juillet de cette année : elle évoquait la rencontre d'un homme « qui ne doutait de rien, un homme calme et fort », dont elle pensait « qu'il avait souffert comme [elle] et qu'il avait triomphé de sa sensibilité extérieure[1] ». Ainsi, une précieuse complexité, un paradoxe enviable – triomphant de sa « sensibilité », partagée, Mérimée aurait accédé à une forme de puissance qu'il pouvait lui transmettre à condition de la comprendre. Elle précisait, et là se devine le germe du malentendu, que « cet homme ne voulait [l]'aimer qu'à une condition » et la « persuadait qu'il existait pour [elle] une sorte d'amour supportable aux sens », tandis qu'elle disait pour sa part n'avoir « pas assez connu l'amour moral pour tolérer l'autre » et se reconnaissait atteinte d'une « inquiétude romanesque » qui rappelle les tourments d'un René.

À la sentimentalité de l'une s'opposait donc la « force » de l'autre ; sur ce qui s'ensuivit, Sand jette une ombre presque pudique (« le reste de l'histoire est odieux à raconter ») mais elle conclut que Mérimée, l'aimant, l'« eût soumise, si [elle eût] pu [se] soumettre à un homme », et qu'ainsi elle eût été « sauvée » : où il apparaît que le sentiment peut recouvrir et dissimuler de bien confuses aspirations. Symétriquement Mérimée dénoncera, à l'adresse de Horace de Viel-Castel, « une femme débauchée à froid, plus par curiosité que par tempérament[2] » : incapable d'abandon mais se faisant violence à elle-même, puisqu'à ses yeux la force de cet homme a pour socle une « sensibilité » indécelable mais profonde.

---

1 Cette lettre a été publiée dans la *Revue de Paris*, le 15 novembre 1896.

2 D'après les *Mémoires* de Horace de Viel-Castel, qui consigne ces mots le 8 juin 1855.

Il se trouve que, de l'amour et de ses déclinaisons, les deux écrivains ont proposé leur propre idée, en suivant le fil de leurs logiques respectives mais en exploitant de façon antinomique, à trente ans d'écart, le même fonds légendaire. La première publie *Mauprat* en 1837 tandis que le second donne *Lokis* en 1869, soit deux variations sur le conte de Mme de Villeneuve (1740), revisité par Mme Leprince de Beaumont (1756), qui porte pour titre *La Belle et la Bête*[3]. Dans l'intervalle entre Sand et Mérimée, en 1856, la comtesse de Ségur se sera inscrite dans le sillage des conteuses du XVIIIe siècle et aura présenté, avec *Ourson*, sa propre interprétation. Il se trouve que Mérimée était l'arrière-petit-fils de Mme Leprince de Beaumont, dont la fille Élisabeth épousa Nicolas Moreau, chirurgien, qui fut le beau-père de Léonor. Quant à Sand, qui illustra elle-même ce genre, elle ne faisait pas secret de son goût pour les contes de fées :

> Je trouvai à Nohant les contes de madame d'Aulnoy et de Perrault dans une vieille édition qui a fait mes délices pendant cinq ou six années. Ah ! Quelles heures m'ont fait passer *L'Oiseau bleu, Le Petit Poucet, Peau d'Âne, Belle-Belle ou le Chevalier fortuné, Serpentin vert, Babiole* et *La Souris bienfaisante* ! Je ne les ai jamais relus depuis, mais je pourrais tous les raconter d'un bout à l'autre, et je ne crois pas que rien puisse être comparé, dans la suite de notre vie intellectuelle, à ces premières jouissances de l'imagination[4].

L'entreprise de Mme Leprince de Beaumont était pédagogique ; sa version de *La Belle et la Bête* proposait aux jeunes filles de ne pas se fonder sur les apparences mais de préférer à tout la bonté et la vertu – Mme de Villeneuve, suivant le fil de la *Clélie*, mettait quant à elle l'accent sur la tendresse. On se souvient qu'une fée a jeté un sort au prince, qui recouvrera sa beauté quand une femme lui aura déclaré un amour sincère. Son père ayant suscité la colère de la Bête, pour avoir cueilli une rose du jardin, et encouru d'en rester prisonnier, la Belle prend sa place au château où elle s'habitue au voisinage du prince et même y prend goût malgré sa hideur. Ayant entrepris un voyage dans sa famille pour

---

3 Yvette Bozon-Scalzitti a étudié cette question dans un remarquable article intitulé « *Mauprat* ou la belle et la bête », *Nineteenth Century French Studies*, n° 10, 1981-1982, p. 1-16. Toutefois son analyse ne prend pas en compte la dimension oursine de Bernard de Mauprat.

4 *Histoire de ma vie*, éd. Georges Lubin, Paris, Gallimard, « Bibliothèque de la Pléiade », t. I, 1970, p. 618.

retrouver son père et retenue par ses méchantes sœurs, elle a bientôt la vision de l'agonie de la Bête éperdue de chagrin, qu'elle rejoint et à qui elle déclare enfin son amour. Tout est bien qui finit bien : la Bête recouvre sa beauté et ils se marient ; une belle dame apparue en songe lui a déclaré :

> – Belle, lui dit cette dame qui était une grande fée, venez recevoir la récompense de votre bon choix : vous avez préféré la vertu à la beauté et à l'esprit, vous méritez de trouver toutes ces qualités réunies en une même personne. Vous allez devenir une grande reine : j'espère que le trône ne détruira pas vos vertus[5].

Le même mot revient au dénouement du conte :

> Dans le moment, la fée donna un coup de baguette qui transporta tous ceux qui étaient dans cette salle, dans le royaume du prince. Ses sujets le virent avec joie, et il épousa la Belle qui vécut avec lui fort long-tems, et dans un bonheur parfait, parce qu'il était fondé sur la vertu[6].

La vertu de la Belle rappelle la « bonne grâce » de Cendrillon, pareillement issue du conte *Amour et Psyché* inséré dans *L'Âne d'or* d'Apulée. Il n'est cependant pas exclu que le conte transporte, plus discret, un enseignement d'ordre érotique ; au moment de la métamorphose de la Bête en un être désormais admirable, la Belle semble en effet désemparée et peut-être déçue :

> – Non, ma chère Bête, vous ne mourrez point, lui dit la Belle, vous vivrez pour devenir mon époux ; dès ce moment je vous donne ma main, et je jure que je ne serai qu'à vous. Hélas ! je croyais n'avoir que de l'amitié pour vous ; mais la douleur que je sens me fait voir que je ne pourrais vivre sans vous voir. À peine la Belle eut-elle prononcé ces paroles qu'elle vit le château brillant de lumière ; les feux d'artifices, la musique, tout lui annonçait une fête ; mais toutes ces beautés n'arrêtèrent point sa vue : elle se retourna vers sa chère Bête, dont le danger la faisait frémir. Quelle fut sa surprise ! la Bête avait disparu, et elle ne vit plus à ses pieds qu'un prince plus beau que l'Amour, qui la remerciait d'avoir fini son enchantement. Quoique ce prince méritât toute son attention, elle ne put s'empêcher de lui demander où était la Bête. – Vous la voyez à vos pieds, lui dit le prince[7].

---

5 Jeanne Marie Leprince de Beaumont, *La Belle et la Bête, Contes moraux pour l'instruction de la jeunesse*, Barba, 1806, p. 31.

6 *Ibid.*, p. 32.

7 *Ibid.*, p. 31.

Il est bien vraisemblable que, en des termes à demi cryptés, Mme Leprince de Beaumont engage les jeunes filles non seulement à préférer la vertu à tout mais aussi à accepter et même aimer l'époux qui, le temps d'une métamorphose éphémère, aurait paru livré à la bestialité.

Cette proposition disparaîtra de la récriture du conte par la comtesse de Ségur, qui s'appuie sur la même structure : le héros du conte a lui aussi subi un sort, lancé par la fée Rageuse, qui lui donne l'apparence d'un ours ; il ne redeviendra le prince Merveilleux qu'à la condition qu'une jeune fille accepte par amour d'échanger avec lui son apparence velue. La métamorphose a lieu puis, la fée Drôlette lui ayant remis un flacon d'huile précieuse, Violette à son tour perd son pelage ; tout rentre dans l'ordre et l'on célèbre un heureux mariage. Ainsi triomphe l'amour désintéressé, fondé sur le dédain des apparences ou sur la « vertu ».

Dans le filigrane de *Mauprat* court la même histoire, toujours implicite mais assez obsédante pour qu'on y voie le principe structurant de l'intrigue. Le cadre du récit, à commencer par la dédicace, renvoie à un univers familier puisque l'histoire de Mauprat est donnée pour un « conte » entendu dans « une chaumière » de la Vallée noire. Ce conte est mis sur un plan comparable à ceux que se font les enfants lors de leurs parties de chasse, caractérisés toutefois comme « noirs », et le narrateur associe l'histoire de Mauprat à d'autres comme celle de Barbe-Bleue.

Si sa tonalité est souvent effrayante, il est précisé que ce conte a quelque chose de consolant à cause de la morale qui s'en dégage, ce qui est une propriété du genre féerique. À bien des reprises Edmée, l'héroïne, comparée dès sa première apparition à Urgande et Morgane, sera désignée par le narrateur comme une fée. Elle est d'une beauté merveilleuse et, comme la Belle, elle voue un immense amour à son père auquel elle est prête à se sacrifier. Comme la Belle, aussi, elle déclare son amour à Mauprat à la dernière extrémité, le procès, afin de l'arracher à la mort, et elle le demande en mariage. Il n'est pas trop difficile, d'autre part, d'assimiler Bernard de Mauprat à la Bête puisque toute l'histoire contée par Sand est celle de l'élévation spirituelle, par l'amour, d'une brute dont il se révèle que le cœur était bon. La morale dite « consolante » et tout à fait explicite du conte est qu'il n'y a pas de fatalité : « l'éducation peut et doit trouver remède à tout[8] ».

8 George Sand, *Mauprat*, Félix Bonnaire, 1837 ; éd. J.-P. Lacassagne, Gallimard, Folio, 1981, p. 443.

Suivant la classification des contes d'Aarne-Thompson, *La Belle et la Bête* appartient à la catégorie 425 C, désignée par l'intitulé « The Girl as the Bear's Wife » soit « l'épouse de l'ours » ; les histoires d'époux-ours sont relativement fréquentes dans le folklore, ainsi dans *L'Ours brun de Norvège* et *L'Ours-roi Valemon*, et on verra que Mérimée ne l'ignore pas non plus. Une référence de Sand est manifestement l'histoire de Jean de l'Ours, d'origine pyrénéenne : Jean de l'Ours est un être hybride, mi-homme mi-ours, qui enlève une femme ou va la chercher au fond d'un souterrain et qui connaît de nombreuses épreuves avant d'accéder enfin à une plus fine humanité, couronnée par son mariage avec la princesse qu'il aime. Il se trouve que l'épisode du souterrain est inaugural dans le roman de Sand et que le prénom germanique de Mauprat, *Bernard*, signifie ours ; cette analogie est établie dans le roman :

> À peine le curé eut-il reconnu Edmée qu'il fit trois pas en arrière avec une exclamation de surprise ; mais ce ne fut rien auprès de la stupéfaction de Patience, lorsqu'il eut promené sur mes traits la lueur du tison enflammé qui lui servait de torche. « La colombe en compagnie de l'ourson ! s'écria-t-il ; que se passe-t-il donc[9] ? »

Plus loin :

> Il a l'air d'un ours, d'un blaireau, d'un loup, d'un milan, de tout plutôt que d'un homme ! continua la Leblanc. Quelles mains ! quelles jambes ! et encore ce n'est rien à présent qu'il est un peu décrassé ! Il fallait le voir le jour où il est arrivé avec son sarrau et ses guêtres de cuir ; c'était à faire trembler !
>
> – Tu trouves ? reprit Edmée. Moi, je l'aimais mieux avec son costume de braconnier ; cela allait mieux à sa figure et à sa taille.
>
> – Il avait l'air d'un bandit ; Mademoiselle ne l'a donc pas regardé ?
>
> – Si fait[10].

Ce que reprend Edmée lors de sa confidence à l'abbé Aubert, non sans associer encore quelque valeur à cette bestialité :

> Je sais que Bernard est un ours, un blaireau, comme dit Mlle Leblanc ; un sauvage, un rustre, quoi encore ? Il n'est rien de plus hérissé, de plus épineux, de plus sournois, de plus méchant que Bernard ; c'est une brute qui sait à peine signer son nom ; c'est un homme grossier, qui croît me dompter comme une haquenée des Varennes. Il se trompe beaucoup ; je mourrai plutôt que

9 *Ibid.*, p. 112.
10 *Ibid.*, p. 191.

> de lui appartenir jamais, à moins que, pour m'épouser, il ne se civilise. [...] Réfléchissez maintenant examinez, discutez, décidez ! Voilà le mal, je l'aime ! [...] Quand il me dit qu'il m'aime, je vois, je sens que c'est vrai ; cela me choque et me charme en même temps. M. de La Marche me parait fade et guindé depuis que je connais Bernard[11].

Si la condition du mariage est que Bernard « se civilise », il n'en demeure pas moins qu'il séduit la Belle par ce qui l'apparente à la Bête ; le féminisme de Sand ne la retient pas d'associer le désir de la jeune fille à la tentation d'être précisément domptée, ou « soumise[12] ».

Si l'on s'en tient aux propos de la Belle sur la Bête, ou l'Ours, le roman délivre quant à l'amour une « morale » plus officieuse. On a entendu qu'Edmée trouve du charme à la brutalité même de Bernard, à sa mise grossière et à ses longs cheveux noirs, bien éloignés du raffinement d'Adhémar de La Marche, le fiancé qui sent bon comme un jardin et cueille des violettes. À la fois il la « choque » et la « charme », ce qui peut rappeler la curieuse réaction de la Belle de Mme Leprince de Beaumont à la métamorphose de son hôte, aussi bien que suggérer une imbrication étroite du désir et de la violence à laquelle Sand oppose, afin de la réduire, l'innocence du sentiment.

Tout au long de *Mauprat*, il est question de chasses. Quand Edmée s'égare au début du roman et qu'elle est traitreusement conduite à la Roche-Mauprat par Laurent, sa « prise » est annoncée par le cor :

> Tout à coup le cor sonna à la herse. Tout rentra dans le silence. [...] Jean se leva en agitant les clefs ; mais il resta immobile aussitôt pour écouter le cor, qui annonçait par une seconde fanfare qu'il amenait une prise, et qu'il fallait aller au-devant de lui. En un clin d'œil, tous les Mauprat furent à la herse avec des flambeaux, excepté moi, dont l'indifférence était profonde, et les jambes sérieusement avinées.
>
> – Si c'est une femme, s'écria Antoine en sortant, je jure sur l'âme de mon père qu'elle te sera adjugée, vaillant jeune homme ! Et nous verrons si ton audace répond à tes prétentions[13].

Il se trouve que, lors de la dernière chasse évoquée dans le roman, c'est Edmée qui est abattue par deux coups de feu, de la main d'Antoine de Mauprat, et que ces coups de feu succèdent à une scène d'emportement

11 *Ibid.*, p. 427.

12 Pour rappeler un terme de la lettre à Sainte-Beuve précédemment évoquée.

13 *Mauprat*, *op. cit.*, p. 89-90.

où Bernard est traversé une fois de plus par la tentation du viol dont son oncle lui faisait autrefois miroiter la possibilité :

> J'étais pâle, mes poings se contractaient ; je n'avais qu'à vouloir, et la plus faible de mes étreintes l'eût arrachée de son cheval, terrassée, livrée à mes désirs. Un moment d'abandon à mes instincts farouches, et je pouvais assouvir, éteindre, par la possession d'un instant, le feu qui me dévorait depuis sept années[14] !

L'attentat d'Antoine sur Edmée forme ainsi une reprise de la scène ancienne de son rapt et il est mis à la place du viol que Bernard de Mauprat, en définitive, ne commet pas. Sand installe donc, dans le filigrane du roman, l'histoire d'une chasse infernale dont le gibier serait une femme. Mais depuis le début, Edmée est fascinée par la menace qu'elle sent peser sur elle – menace dont elle entend se défendre grâce à son poignard espagnol d'une façon qui fait dire à l'abbé qu'elle a « la tête pleine de romans[15] ».

Dans *Mauprat*, Sand associe donc le romanesque à un imaginaire féodal (érotique et violent, comme on vient de voir) qui se cristallise autour du personnage de Bernard tandis qu'Edmée, lectrice de Rousseau et admiratrice de Robespierre, incarne les valeurs d'une République civilisatrice, qui se donne pour mission d'élever la brute, ou la Bête, à l'homme : version politique de l'histoire autrefois composée par Mme de Villedieu. Afin de consolider cette relecture, elle exploite encore un autre gisement que ce conte de fées.

On peut aussi expliquer le choix du prénom de Bernard par le folklore berrichon : la structure du conte épouse ici, tout en la contrariant, celle de la légende dorée de sainte Solange, patronne du Berry – du reste Edmée s'appelle en réalité Solange-Edmonde[16]. On raconte que sainte Solange était une jeune bergère, très belle, que Bernard de Bourges, fils du comte de Poitiers, enleva à cheval. Elle se débattit et tous deux tombèrent ; Bernard de Bourges, de colère, la décapita mais le corps de Solange transporta sa tête jusqu'à Saint-Martin du Crot, son village natal. *Mauprat* serait l'histoire inversée de sainte Solange, qui convertirait par l'amour la brute qui l'assaille[17].

---

14 *Ibid.*, p. 344.

15 *Ibid.*, p. 192.

16 Solange était le prénom de la fille de George Sand.

17 On peut préciser que, à l'époque carolingienne (vers 860), un Bernard de Bourges s'était allié à Bernard Plantevelue dont le nom dit assez l'association avec le plantigrade. Aussi

Toutes les strates du récit s'agencent ainsi de façon que s'impose, suivant un jeu de fines variations, les héros de l'ancien conte de fées superposé à une vie de sainte, travaillée par des ambiguïtés mais interprétée dans une perspective indiscutablement morale. À la fin de l'histoire d'Edmée et de Bernard, la légende de sainte Solange s'étant retournée, s'actualise une métaphore qui se trouvait dans la bouche de l'abbé Aubert étonné, au début du roman, de voir apparaître « la colombe en compagnie de l'ourson » : la tradition veut que sainte Colombe ait été protégée d'un viol par un ours devenu son symbole – de même, la Bête ou l'ours devient, en l'épousant, le gardien de la « colombe » ou de la Belle.

Tout le roman aura été traversé par la tentation d'Edmée d'être soumise par Bernard, qu'elle regarde comme une brute *héroïque* – tentation surmontée de sorte que s'impose en définitive au lecteur une histoire singulièrement édifiante : dans la continuation d'*Émile*, Sand montre les pouvoirs de l'éducation en inventant une figure de la féodalité domptée par l'amour d'une incarnation de la République – et, plus souterrainement, sa relecture de *La Belle et la Bête* doit consacrer le triomphe romanesque, moral, du sentiment sur la sauvagerie du désir.

Tout à l'opposé, la lecture de *Lokis* convainc que la question du sentiment ou de « l'amour moral », assorti de la nécessaire « inquiétude romanesque » familière à Sand, ne hantait pas exactement l'esprit de Mérimée. Le terrible conte fantastique inscrit dans cette histoire d'enquête philologique, en Lituanie, évoque les préparatifs de noces du comte Michel dans une demeure attristée par la folie de sa mère. Autrefois enlevée par un ours, lors d'une chasse, celle-ci avait bientôt accouché d'un fils qu'elle avait refusé de voir et elle en avait perdu la raison. Dans le cours du récit, ce fils ombrageux épouse la jeune fille charmante et coquette dont il s'est épris mais, au matin, la mariée est découverte égorgée et il a disparu.

Mérimée se réjouissait beaucoup d'avoir élaboré une intrigue aussi scabreuse, quoique montée de manière à ne pas choquer ses élégantes lectrices ; il faisait part de cette joie à Tourguéniev, le 9 octobre 1868 :

---

que, bien plus tard (autour de 1400), le duc Jean de Berry avait choisi l'ours pour animal emblématique à son retour d'Angleterre : c'était jouer sur les mots – *bear, Berry* –, aussi bien que rendre hommage à une femme aimée à Londres, qui portait le nom d'Urcine. Le duc Jean avait un ours favori, Valentin, qu'il fit sculpter sous son gisant, et Michel Pastoureau observe, sur quelques-unes des *Très Riches Heures*, sa ressemblance avec l'animal. Voir Michel Pastoureau, *L'Ours. Histoire d'un roi déchu*, Paris, Le Seuil, 2007.

> Lorsque j'étais à Fontainebleau chez une grande dame que vous savez, on lisait des histoires terribles, fantastiques et autres. J'ai pris l'engagement d'en faire une plus atroce, *to out Herod Herod*, et je me flatte de n'avoir pas trop mal réussi, pour le choix du sujet du moins. Une dame est rencontrée par un ours qui la viole. Elle a un enfant, très beau, garçon un peu velu, très robuste [...] ; [il] est amoureux d'une petite coquette blanche et rose какъ котекнокъ у печки. [...] Il se marie et la mange. Je n'ai pas besoin de dire qu'il ne connaît pas l'auteur de ses jours. La conception est laissée dans l'ombre, et les lectrices timorées peuvent même croire que ces bizarreries ursines tiennent à un « regard[18] ».

La clef de l'histoire nous est pourtant donnée dès son épigraphe et présentée comme un proverbe lituanien : « *Miszka su Lokiu / Abu du tokiu* » soit « Michka et Lokis, tous deux le même ». Comme dans *Mauprat*, le prénom du personnage est déterminant, non pour des raisons étymologiques cette fois mais parce que, en Europe orientale, il est traditionnellement associé à l'ours comme l'est celui de Martin en France ; le professeur Wittembach le confirmera à la fin.

Mérimée mise sur l'innocence ou la distraction de ses lectrices mais il parsème le récit de nombreux indices propres à éveiller leur attention. Une vieille sorcière propose au comte de se faire choisir pour roi des animaux de la forêt ; un bel épagneul hurle de peur en sa présence ; à l'occasion d'une chasse, encore, une ourse le jette par terre mais elle le lèche au lieu de le manger... Voilà qui pourrait apporter la preuve de ce qu'on n'osait pas soupçonner d'entrée, malgré les cris de la comtesse à la naissance de son fils, « Tuez-le ! tuez la bête[19] ! » : elle avait été d'autant plus effrayée que manifestement violée et engrossée par son ravisseur griffu. On comprend bien alors le trouble du héros lors de la scène de la *roussalka* : la danseuse, sa fiancée et sa future victime, se plaint « qu'il l'eût serrée, comme un ours qu'il était[20] ». En réalité, la métaphore est active, elle signale une possible métamorphose – le comte Michel ne se contente pas de porter le nom de l'ours, il *est* un ours. Pensant toujours à George Sand, on peut apprécier que, dans la même scène, la jeune fille soit comparée à une colombe... Quelle morale, alors ? Le conte de Mérimée prend l'exact contre-pied de celui de son arrière-grand-mère Mme Leprince de Beaumont.

---

18 *Correspondance générale*, établie et annotée par Maurice Parturier, avec la collaboration, pour les tomes I à VI, de Pierre Josserand et de Jean Mallion, t. I-VI, Paris, Le Divan, 1941-1947, t. VII-XVII, Toulouse, Privat, 1953-1964, t. XIV, p. 261-262.

19 Prosper Mérimée, *Lokis*, *Revue des Deux Mondes*, 15 septembre 1869 ; *Nouvelles*, éd. Michel Crouzet, Paris, Imprimerie nationale, 1987, t. II, p. 260.

20 *Ibid.*, p. 277.

À la fin du récit, lorsque le professeur referme son cahier, la jeune Adélaïde lui demande pourquoi l'avoir intitulé *Lokis* puisqu'aucun personnage ne porte ce nom. Wittembach se tourne alors vers Théodore et l'interroge sur la signification du mot : « comprenez-vous ce que veut dire Lokis[21] ? » Au lieu de décrypter cette mystérieuse histoire, dont le secret réside dans son seul titre, il enchaîne en le traduisant en sanscrit, en grec, en latin et en allemand, avant de reprendre son épigraphe et sans pouvoir s'empêcher de faire la leçon à son auditoire :

> – Si vous vous étiez bien pénétré de la loi de transformation du sanscrit au lithuanien, vous auriez reconnu dans *lokis* le sanscrit *arkcha* ou *rikscha*. On appelle *lokis*, en lithuanien, l'animal que les Grecs ont nommé ἄρκτος, les Latins *ursus* et les Allemands *bär*.
>
> Vous comprenez maintenant mon épigraphe :
>
> Miszka su Lokiu,
> Abu du tokiu[22].

Obscurité sur obscurité, puisque Mérimée avait conçu l'étrange projet d'écrire ce conte pour ne pas être compris des dames auxquelles il le destinait.

Il est au moins fort clair que, dans ce contexte officiel d'une enquête philologique, le nouvelliste ne vise ni morale ni consolation mais qu'il poursuit plutôt une interrogation sur les origines – langue primordiale, atavisme de l'homme[23]... La facétieuse conclusion du conte va à rebours de toute espèce de sentimentalité ; elle énonce ironiquement le primat des forces de vie et de mort sur les valeurs que Sand appelait « romanesques » et qui l'avaient autrefois exposée au *fiasco* dont il était question plus haut – on n'écrit pas de rien.

Sylvie THOREL
Université de Lille 3

21 *Ibid.*, p. 273.

22 *Ibid.*

23 Voir les travaux d'Antonia Fonyi sur la notion d'*archè* dans l'œuvre de Mérimée, notion exposée dans « La passion pour l'*archè* » *Prosper Mérimée. Écrivain, archéologue, historien*, Genève, Droz, 1999, p. 197-207.

MILITANCE LIBÉRALE ET ANTI-IDÉALISME MÉRIMÉEN

La chevalerie dans *La Jaquerie*

FÉODALITÉ ET CHEVALERIE : UNE QUESTION D'ACTUALITÉ EN 1828

Mettre en scène(s) l'univers féodal, c'est être confronté à la question de la *chevalerie*, c'est-à-dire de l'idéologie, des valeurs par lesquelles la noblesse a pris l'habitude de penser ses origines, son histoire et son idéal. Un idéal qui, lorsque Mérimée publie *La Jaquerie* en 1828, a été réactivé par l'efflorescence du genre « troubadour », qui de la fin du XVIIIe siècle à celle de la Restauration et à la suite des travaux d'historiens tel La Curne de Sainte-Palaye et son *Mémoire sur l'ancienne chevalerie considéré comme un établissement politique et militaire* (1759-1781) que Nodier vient de republier en 1826, entend donner à une noblesse en perte de repères et contestée dans ses droits et ses privilèges par la Révolution, un miroir idéal où se réfugier, se consoler des soubresauts de l'histoire et relégitimer ses valeurs[1].

Dans les années 1820, la représentation idéalisée de la chevalerie est toujours d'actualité et semble même appelée par une noblesse revenue

1 Voir Pierre Glaudes, « Le roman de style troubadour », *La Fabrique du Moyen Âge au XIXe siècle*, dir. Simone Bernard-Griffiths, Pierre Glaudes et Bertrand Vibert, Paris, Champion, 2006, p. 760-770, et Gérard Gengembre, « Le genre troubadour : permanence ou mutation ? », *Moyen Âge et XIXe siècle. Le mirage des origines*, dir. Emmanuelle Baumgartner et Jean-Pierre Leduc-Adine, *Littérales*, n° 6, 1990, p. 15-24. À noter que La Curne de Sainte-Palaye n'est pas un apologiste aveugle de la chevalerie, dont il sait dénoncer les abus ou les dérives (voir les mises au point de Jean Sgard dans *La Fabrique du Moyen Âge*, *op. cit.*, p. 123-126). Voir aussi Roland Mortier, « Aspects du rêve chevaleresque, de La Curne de Sainte-Palaye à Mme de Staël », *Le cœur et la raison*, Oxford, Voltaire Foundation ; Bruxelles, Éditions de l'Université de Bruxelles ; Paris, Universitas, 1990, p. 469-491.

aux commandes, dont le credo est celui d'une « restauration », et ce d'autant plus fortement à mesure que cette noblesse, dans la réalité des rapports sociaux, s'éloigne des valeurs chevaleresques qui étaient les siennes. C'est tout le problème dépeint par Stendhal dans *Armance* en 1827, où le jeune noble Octave de Malivert ne cesse de s'interroger sur la place – problématique – qui peut être la sienne dans un monde post-révolutionnaire[2]. Mais l'on songera surtout à Chateaubriand, qui depuis le *Génie du christianisme* (1802), célèbre dans un Moyen Âge idéalisé les valeurs chevaleresques et chrétiennes qui devraient être le noyau signifiant et vivant non seulement de la noblesse mais de toute la nation[3]. Tout juste deux ans avant la parution de *La Jaquerie*, *Les Aventures du dernier Abencérage*[4] sont venues faire réentendre cette célébration dans une esthétique délibérément anti-réaliste où la « chimère » « dédommage du monde réel[5] ». Même si le récit de Chateaubriand est bien loin de l'idéalisme un peu simpliste et à courte vue du genre troubadour, comme l'a très justement montré Pierre Glaudes[6], il n'en témoigne pas moins d'une volonté de réactiver, en la refondant, la chevalerie de « l'ancienne monarchie[7] ». Entre la republication du mémoire de La Curne de Sainte-Palaye et la parution des *Aventures du dernier Abencérage*, il y a une *actualité* de la question de la chevalerie en 1826. Sans parler, plus globalement, de la vogue des romans historiques de Walter Scott qui, d'*Ivanhoé* (1819) à *Quentin Durward* (1823), ont mis le Moyen Âge et spécialement la figure du chevalier, du preux, à la mode, à grands renforts de tournois, de forêts pleines de brigands héroïques et attachants (voir Robin des Bois dans *Ivanhoé* qui, comme *Les Brigands* de Schiller, a pu influencer Mérimée pour sa représentation des « loups » réfugiés dans la forêt de *La Jaquerie*). Sans parler non plus de *La Gaule*

---

2 Voir Xavier Bourdenet, « Octave de Malivert ou le Moyen Âge en 1827 », *Une liberté orageuse. Balzac-Stendhal. Moyen Âge, Renaissance, Réforme*, dir. Michel Arrous, Florence Boussard, Nicolas Boussard, Paris, Eurédit, 2004, p. 43-61.

3 Voir en particulier *Le Génie du christianisme*, 4e partie, livre 5 : « Ordres militaires ou chevalerie », éd. M. Regard, Paris, Gallimard, « Bibliothèque de la Pléiade », 1978, p. 1012-1013.

4 La nouvelle, composée en 1810, n'est publiée qu'en 1826 dans les *Œuvres complètes* de Chateaubriand chez Ladvocat (t. XVI).

5 Chateaubriand, *Atala, René, Les Aventures du dernier Abencérage*, éd. Jean-Claude Berchet, Paris, GF-Flammarion, 1996, p. 202.

6 Voir Pierre Glaudes, « Chateaubriand troubadour », *Chateaubriand. Le tremblement du temps*, dir. Jean-Claude Berchet, Toulouse, PU du Mirail, 1994, p. 41-74.

7 *Les Aventures du dernier Abencérage*, éd. citée, p. 201.

poétique (1813-1817) de l'ultra Marchangy, épopée qui entend narrer les prouesses des chevaliers, se donne comme « le récit de fondation de la noblesse française[8] » et dont le 23e récit est une apologie des croisades et de leur influence morale présentée comme tout uniment bénéfique, etc. Croisades qui sont d'ailleurs l'un des thèmes à la mode avec, entre autres, l'*Histoire des croisades* (1811-1822) de Joseph-François Michaud, véritable succès de librairie[9].

Les milieux libéraux ne sont pas en reste, qui s'intéressent de près au Moyen Âge et à la double question de la féodalité et de la chevalerie. Le groupe de Coppet a inscrit le Moyen Âge dans le mouvement global d'une civilisation en marche vers la liberté des individus et des peuples en y interrogeant la place de la féodalité[10]. Le renouveau historiographique libéral des années 1820 fait du Moyen Âge l'un de ses objets privilégiés. Barante, au-delà de la chronique des règnes successifs, traque dans son *Histoire des ducs de Bourgogne de la maison de Valois* (1824-1826) la lente mais irrépressible émergence d'une opinion publique. Augustin Thierry dans ses *Lettres sur l'histoire de France* (1827) conçoit le Moyen Âge comme la matrice des antagonismes sociaux, des conflits de classe contemporains, héritiers de la conquête de la Gaule par les Francs germaniques. Guizot lance en 1823 une *Collection de mémoires relatifs à l'histoire de France depuis la fondation de la monarchie française jusqu'au* XIIIe *siècle*, qui précède de peu celle de Buchon (*Collection des chroniques nationales françaises écrites en langue vulgaire du* XIIIe *au* XVIe *siècle*, 1824-1829) dans laquelle seront publiées les *Chroniques* de Froissart de 1824

8 Monique Steiff-Moretti, « *La Gaule poétique* de Marchangy », *La Fabrique du Moyen Âge*, *op. cit.*, p. 929.

9 Il faudrait aussi évoquer la vogue médiévale au théâtre dans les années 1820 avant *La Jaquerie* (et donc avant Dumas et Hugo) : on y croise souvent des figures de rois ou de héros idéalisés, comme dans *Louis XI* de F. Ancelot (1819), *Charles de Navarre* (1820) de C. Brifant, *La Démence de Charles VI* (1820) et *Louis IX en Égypte* (1821) de L. N. Lemercier, *Jean-sans-peur* (1821) de P. C. Liardières ou la *Jeanne d'Arc* de Soumet (1825). Voir Claude Legoy, « La figure du souverain médiéval sur les scènes parisiennes à la Restauration », *Revue historique*, n° 594, 1995, p. 321-365.

10 Voir Norman King, « Le Moyen Âge à Coppet » et Henri Duranton, « L'interprétation du mythe troubadour par le groupe de Coppet », *Actes et documents du 2e colloque de Coppet (juillet 1974)*, dir. Simone Balayé et Jean-Daniel Candaux, Genève-Paris, Slatkine-Champion, 1977, p. 375-399 et 349-373, ainsi que Jean-Marie Roulin, « Épopées et romans chevaleresques dans le Groupe de Coppet. Racines nationales et identités européennes », *Le Groupe de Coppet et l'Europe. Actes du 5e colloque international de Coppet (Tübingen, 1993)*, Lausanne, Institut Benjamin Constant, 1994, p. 183-197.

à 1826 (t. XI à XIV de la collection) qui servent de source directe à *La Jaquerie*[11]. Guizot consacre au Moyen Âge une large part de ses *Essais sur l'histoire de France* de 1823 et de son *Histoire de la civilisation en Europe depuis la chute de l'Empire romain* en 1828, résultats de cours professés en Sorbonne, qui impliquent l'analyse des institutions de la société médiévale, au moment même où Michelet, tout jeune professeur à l'École normale, consacre, en 1827, son premier cours au Moyen Âge. Guizot suit tout particulièrement l'émergence d'une classe nouvelle, la bourgeoisie, dans l'histoire des communes du Moyen Âge et voit dans leur affranchissement l'origine d'une « lutte des classes », bien éloignée de l'irénisme de rapports sociaux idéalisés que présupposait le genre troubadour. Guizot conçoit cette lutte, comme Augustin Thierry, comme le moteur de l'histoire :

> Le troisième grand résultat de l'affranchissement des communes, c'est la lutte des classes, lutte qui remplit l'histoire moderne. L'Europe moderne est née de la lutte des diverses classes de la société [...]. Aucune des classes n'a pu vaincre ni assujettir les autres ; la lutte, au lieu de devenir un principe d'immobilité, a été une cause de progrès[12].

C'est bien une « lutte des classes » que Mérimée met en scène dans sa *Jaquerie*, Roger Bellet l'a montré[13], je n'y reviendrai pas. Elle implique une violence à l'œuvre dans toute la pièce, qu'a étudiée Thierry Santurenne[14]. Le choix de l'épisode est révélateur. Si le Moyen Âge, comme on vient de le voir, est éminemment d'actualité, assurément *le* sujet historique,

---

11 Voir la lettre de mars 1828 par laquelle Mérimée renvoie au docteur Edwards les « neuf volumes de Froissart » qu'il lui a prêtés (*Correspondance générale* [*C. G.* par la suite], établie et annotée par Maurice Parturier, avec la collaboration, pour les tomes I à VI, de Pierre Josserand et de Jean Mallion, t. I-VI, Paris, Le Divan, 1941-1947, t. VII-XVII, Toulouse, Privat, 1953-1964, t. I, p. 25). Dans l'édition Buchon des *Chroniques* de Froissart, la Jaquerie se trouve au t. III (1824), du chap. CCCLXXXV (« Comment les communes de Beauvoisin [*sic*] et en plusieurs autres parties de France mettoient à mort tous gentils hommes et femmes qu'ils trouvoient ») au chap. CCCLXXXVIII (« Comment le comte de Foix, le captal de Buch et le duc d'Orléans déconfirent les Jacques, et puis mirent le feu en la ville de Meaux »), p. 292-303.

12 Guizot, *Histoire de la civilisation en Europe*, Paris, Didier, 1870, p. 209.

13 Voir Roger Bellet, « Jacques Bonhomme, Loup-Garou et la lutte de classes dans *La Jaquerie* », *Europe*, numéro spécial *Prosper Mérimée*, n° 557, septembre 1975, p. 8-30.

14 Thierry Santurenne, « *La Jaquerie*, de Mérimée. Une dramaturgie de la violence sociale », *Prosper Mérimée*, dir. Antonia Fonyi, Caen, Lettres Modernes Minard, « Écritures XIX », 2010, p. 33-42.

avec la Révolution française[15], sur lequel il convient de réfléchir en cette décennie 1820, la grande Jacquerie l'est nettement moins. Mérimée est à peu près le seul à faire un sujet de cette brève et très violente révolte des paysans du Beauvaisis, qui s'étend à la Picardie, l'Île de France et la Champagne, entre le 28 mai et la fin juin 1358[16]. Dans une France en plein désordre suite au désastre de Poitiers (1356) et à la captivité du roi Jean le Bon, les paysans, appauvris, exploités par les nobles et soumis aux exactions des « Grandes Compagnies » anglaises qui parcourent le royaume comme un pays conquis, se révoltent avec l'appui des bourgeois, d'ouvriers et de quelques prêtres. S'ensuit un mois de violences qui ont marqué l'imaginaire collectif – pillages, châteaux brûlés, etc. – avant que les Jacques soient férocement défaits et punis lors de la sanglante bataille de Meaux et du carnage de Mello des 9-10 juin 1358. Mérimée s'inspire de Froissart, qui dépeint essentiellement les atrocités commises par les Jacques[17].

15 La Jacquerie, tout comme plus tard la Saint-Barthélemy dans la *Chronique du règne de Charles IX*, est aussi le moyen pour Mérimée d'aborder de biais la Révolution : le passé lointain sert de miroir au passé proche. Voir Sylvie Thorel, « La Terreur en 1572 », *Cahiers Mérimée*, n° 2, 2010, p. 23-40.

16 Le terme « jacquerie » est néanmoins fréquent dans la presse de la Restauration pour évoquer des émeutes populaires sanglantes, ainsi qu'en atteste une rapide enquête dans Gallica. Mais, significativement, les « scènes féodales » de Mérimée sont, dans le catalogue numérisé de la BNF, la *première* œuvre à faire du terme un *titre*. C'est de Mérimée que date l'entrée de la Jacquerie dans la fiction. Pour le traitement *historiographique* de l'épisode avant Mérimée, voir notamment Mézeray, *Histoire de France depuis Faramond jusqu'au règne de Louis le juste*, n[lle] éd., Paris, chez Denys Thierry, Jean Guignard, Claude Barbin, 1685, t. II, p. 444-445.

17 On ne peut que supposer Mérimée happé par ces lignes de Froissart, qui, malgré leur orientation idéologique farouchement hostile aux Jacques, font par avance écho à l'évocation de la Saint-Barthélemy dans la *Chronique du règne de Charles IX* ou aux massacres régulièrement décrits dans *Les Faux Démétrius* : « Lors se assemblèrent et s'en allèrent, sans autre conseil et sans nulles armures, fors que de bâtons ferrés et de couteaux, en la maison d'un chevalier qui près de là demeuroit. Si brisèrent la maison et tuèrent le chevalier, la dame et les enfants, petits et grands, et ardirent la maison. Secondement ils s'en allèrent en un autre fort château et firent pis assez ; car ils prirent le chevalier et le lièrent à une estache (pieu) bien et fort, et violèrent sa femme et sa fille les plusieurs, voyant le chevalier : puis tuèrent la dame qui était enceinte et grosse d'enfant, et sa fille et tous les enfants, et puis le dit chevalier à grand martyre, et ardirent (brûlèrent) et abattirent le châtel. Ainsi firent-ils en plusieurs châteaux et bonnes maisons. Et multiplièrent tant que ils furent bien six mille ; et partout là où ils venoient leur nombre croissoit ; car chacun de leur semblance les suivoit. Si que chacun chevalier, dame et écuyers, leurs femmes et leurs enfants, les fuyoient ; et emportoient les dames et les damoiselles leurs enfants dix ou vingt lieues loin, où ils se pouvoient garantir ; et laissoient leurs maisons toutes

L'épisode est typique, dès 1828, de ce qui intéresse Mérimée dans l'histoire : une crise violente, liée à une déstabilisation du pouvoir, qui fait surgir des antagonismes sociaux profonds mais révèle une violence archaïque partagée par tous les camps en présence tout en interrogeant la question de la centralisation-décentralisation du pouvoir et la place du peuple dans l'histoire[18]. Il conçoit la Jacquerie et sa violence comme réponse ou réaction quasi naturelle à une violence première, comme l'affirme la brève préface de la pièce[19] :

> Quant aux causes qui produisirent la Jaquerie, il n'est pas difficile de les deviner. Les excès de la féodalité durent amener d'autres excès. Il est à remarquer que, presque dans le même temps, de semblables insurrections éclatèrent en Flandre, en Angleterre et dans le nord de l'Allemagne[20].

C'est faire d'entrée de jeu et par principe de la féodalité une institution structurellement viciée et du Moyen Âge un temps d'oppression barbare que n'éclairent nulles Lumières. Je n'aborderai ici ces questions que par le biais, forcément limité, de la seule chevalerie, conçue comme

---

vagues et leur avoir dedans ; et ces méchants gens assemblés sans chef et sans armures roboient (volaient) et ardoient (brûloient) tout, tuoient et efforçoient et violoient toutes dames et pucelles, sans pitié et sans mercy, ainsi comme chiens enragés. Certes oncques n'avint entre Chrétiens et Sarrasins telle forcenerie que ces gens faisoient, ni qui plus fissent de maux et de plus vilains faits, et tels que créature ne devroit oser penser, aviser, ni regarder ; et cil (celui) qui plus en faisoit étoit le plus prisé et le plus grand maître entr'eux. Je n'oserois écrire ni raconter les horribles faits et inconvenables que ils faisoient aux dames. Mais entre les autres désordonnances et vilains faits, ils tuèrent un chevalier et boutèrent en une broche, et le tournèrent au feu et le rôtirent devant la dame et ses enfants. Après ce que dix ou douze eurent la dame efforcée et violée, ils les en voulurent faire manger par force ; et puis les tuèrent et firent mourir de male-mort. Et avoient fait un roi entr'eux qui étoit, si comme on disoit adonc, de Clermont en Beauvoisis, et l'élurent le pieur (pire) des mauvais ; et ce roi on appelait Jacques Bonhomme. » (Éd. citée, p. 293-294.)

18 Pour une étude de ces questions dans *La Jaquerie*, sur lesquelles je ne reviendrai pas ici, voir Xavier Bourdenet, *L'Écriture de l'Histoire chez Mérimée. L'archive et l'archè*, Paris, Classiques Garnier, 2022. *La Jaquerie* prend place dans un mouvement de fond de la première « carrière » littéraire de Mérimée (1825-1830), par laquelle il cherche à écrire l'histoire dans différents genres : théâtre (*Les Espagnols en Danemark*, *La Jaquerie*), poésie (*La Guzla*), roman (*Chronique du règne de Charles IX*), nouvelle (*Vision de Charles XI*).

19 Mérimée procèdera de même dans la *Chronique* un an après, cherchant à reconstituer dans la préface l'origine de la Saint-Barthélemy. L'écriture de l'histoire chez Mérimée est, dès ces premières tentatives fictionnelles, orientée par une thèse clairement affichée.

20 *La Jaquerie, suivie de La Famille de Carvajal*, éd. Pierre Jourda, Paris, Champion, 1931, p. 3. Toutes nos références vont à cette édition. On indique désormais la page entre parenthèses.

idéal moral du système féodal, en envisageant la représentation des nobles dans la pièce.

La pensée libérale du début du XIXe siècle a pu découpler la féodalité de la chevalerie, en faisant « la différence entre le pôle positif de la chevalerie, sources de valeurs morales, et le pôle négatif de la féodalité, moyen d'oppression et instrument de servitude[21] ». C'est ce qu'on observe par exemple chez Simonde de Sismondi qui écrit :

> Il ne faut point confondre la féodalité avec la chevalerie ; la féodalité est le monde réel à cette époque, avec ses avantages et ses inconvénients, ses vertus et ses vices ; la chevalerie est ce même monde idéalisé, tel qu'il a existé seulement dans l'invention des romanciers : son caractère essentiel, c'est le culte des femmes et le culte de l'honneur[22].

La chevalerie serait donc l'idéal dont la féodalité serait le réel possiblement dégradé ou incomplet. On peut dire aussi qu'elle est le système moral et idéologique d'un système social et institutionnel. Pour Sismondi la chevalerie est assurément un acquis et un atout du Moyen Âge, qui rompt avec le monde antique et prouve les progrès de la liberté humaine. Mme de Staël a une position proche lorsqu'elle voit dans « l'esprit de chevalerie » (titre du chap. 4 de la Ire partie de *De l'Allemagne*) la naissance d'un humanisme lié à l'enthousiasme qui a fait du Moyen Âge non pas (seulement) une époque de barbarie mais un jalon essentiel dans la marche de la civilisation, là où la féodalité « institutionnalise et durcit en règle politique un modèle idéal de société, une éthique sociale fondée sur le respect de la parole donnée[23] » ainsi qu'une éthique amoureuse. Barante ne dit rien d'autre : « C'est de la sorte qu'a pu se créer, sous le nom de féodalité, l'idéal de la constitution sociale du Moyen Âge, de même qu'on a créé, sous le nom de chevalerie, la perfection imaginaire de son caractère moral[24]. » Guizot lui-même reconnaît que la féodalité a un double caractère : si elle est « confédération de petits souverains,

---

21 Michael Glencross, « J. C. L. Simonde de Sismondi », *La Fabrique du Moyen Âge*, *op. cit.*, p. 322. Pour une étude de la place du chevaleresque dans le groupe de Coppet, voir Jean-Marie Roulin, art. cité.

22 Sismondi, *De la littérature du Midi de l'Europe*, Paris, Treuttel et Würtz, 2e éd., 1819, t. I, p. 88-89.

23 Arlette Michel, « Images romantiques de "l'esprit de chevalerie" », *Dire le Moyen Âge hier et aujourd'hui*, dir. Arlette Michel Perrin, Paris, PUF, 1990, p. 110.

24 Barante, *Histoire des ducs de Bourgogne de la maison de Valois, 1364-1477*, Paris, Ladvocat, 1826, t. I, p. 15-16.

de petits despotes inégaux entre eux et ayant, les uns envers les autres, des devoirs et des droits, mais investis dans leurs propres domaines, sur leur sujets personnels et directs, d'un pouvoir arbitraire et absolu[25] », il n'en reste pas moins que, sur le plan du « développement intérieur de l'individu », domaine de ce que les autres appellent la « chevalerie », elle a pu avoir une influence bénéfique en « suscit[ant] dans les âmes des idées, des sentiments énergiques, des besoins moraux, de beaux développements de caractère, de passion[26] ». En 1846 dans son compte rendu de l'*Histoire de la poésie provençale* de Fauriel, typique de sa production *savante*, Mérimée tiendra lui-même ce discours et valorisera « l'institution de la chevalerie qui eut de si grands résultats[27] ». Ce discours n'irrigue toutefois pas *La Jaquerie* : l'écart est ici délibéré et marqué.

Replacée dans ce contexte d'ensemble *La Jaquerie* apparaît comme une œuvre doublement militante. Celle d'un auteur *anti-ultra* qui s'inscrit en faux contre toute forme d'idéalisation de la chevalerie et de la « courtoisie » qui l'accompagne, et qui dénie ainsi à la noblesse, en 1828, toute prétention à s'imposer comme la force politique essentielle de la nation. Mais aussi d'un libéral qui dénonce tout *sauvetage* libéral de la chevalerie. Au contraire, il utilise la chevalerie dans sa stratégie de dénonciation, sanglante, de la féodalité. *La Jaquerie* est en effet une

25 Guizot, *Essais sur l'histoire de France*, 4e éd., Paris, Ladrange, 1836, p. 344.

26 Guizot, *Histoire de la civilisation en Europe*, Paris, Didier, 1870, p. 119 (« Du régime féodal »). Voir encore ce passage : « L'époque qui nous occupe est, sans nul doute, une des plus brutales, des plus grossières de notre histoire ; une de celles où l'on rencontre le plus de crimes, de violences ; où la paix publique était le plus incessamment troublée ; où le plus grand désordre régnait dans les mœurs. À qui ne tient compte que de l'état positif et pratique de la société, toute cette poésie, toute cette morale de la chevalerie apparaît comme un pur mensonge. Et cependant on ne saurait nier que la morale, la poésie chevaleresque n'existent à côté de ces désordres, de cette barbarie, de tout ce déplorable état social. [...] / C'est précisément ce contraste, Messieurs, qui fait le grand caractère du moyen-âge [...] les faits sont habituellement détestables ; les crimes, les désordres de tout genre abondent ; et cependant les hommes ont dans l'esprit, dans l'imagination, des instincts, des désirs élevés, purs ; leurs notions de vertu sont beaucoup plus développées, leurs idées de justice incomparablement meilleures que ce qui se pratique autour d'eux, que ce qu'ils pratiquent souvent eux-mêmes. Un certain idéal moral plane au-dessus de cette société grossière [...]. Au moyen-âge, Messieurs, les principes valaient infiniment mieux que les actions. » (*Histoire de la civilisation en France*, 2e éd., Paris, Didier, 1840, t. III, p. 375-377).

27 « *Histoire de la poésie provençale*, par feu M. Fauriel. Cours professé à la Faculté des Lettres en 1832 et 1833 », *Le Constitutionnel*, 17 février 1846. Réédité par A. Fonyi dans la *Revue des Sciences humaines*, numéro spécial *Mérimée écrivain*, n° 270, 2003/2, p. 155-159 [citation p. 156]. Voir tout particulièrement les p. 156-157.

machine de guerre qui mine et sape, par l'outrance caricaturale on va le voir, les fondements même de la représentation héroïsante de la chevalerie. La pièce se donne ainsi pour contre-modèle tout à la fois le genre troubadour, fondé sur la nostalgie passéiste d'une chevalerie mythifiée, les anciennes chroniques médiévales qui, telles celles de Froissart, « se complai[sen]t à célébrer les beaux coups de lance et les prouesses de nobles chevaliers » et n'expriment que « profond dégoût » face à « une révolte de paysans » (p. 3)[28], mais aussi en un sens les entreprises libérales qui valorisent dans le Moyen Âge les germes d'une liberté moderne ainsi que dans la chevalerie un humanisme à l'influence morale bénéfique[29]. *La Jaquerie* est donc l'œuvre d'un libéral radical, mais, on le verra, pessimiste[30].

28 Où l'on voit que Froissart est ici saisi dans une perspective *politique* bien plus qu'historique. Ce n'est pas la méthode ou *manière* pittoresque du chroniqueur qui retient Mérimée mais son point de vue. Le jugement de Mérimée sera plus nuancé, circonstances obligent, dans son discours d'inauguration de la statue de Froissart à Valenciennes en 1856. Il y loue en Froissart une méthode historique déjà fondée sur l'enquête, « un chroniqueur incomparable », un « témoin attentif et scrupuleux » enregistrant « avec une imperturbable simplicité » tout ce qu'il a vu et su, et traçant « un tableau si animé des mœurs et des passions du moyen âge » : « À cet amour si noble de la vérité, il joint un art d'autant plus admirable qu'il s'ignore lui-même, celui de saisir, avec un tact sûr, au milieu des récits qu'il écoute de toutes parts, ces détails frappants de naturel, qui ne s'inventent point, et qu'il faut recueillir de la bouche même des hommes d'action. » (« Froissart », dans *Portraits historiques et littéraires*, éd. Pierre Jourda, Paris, Champion, 1928, p. 48-50). Rien de tel dans *La Jaquerie*. Sur le rapport de Mérimée à Froissart, voir ici même l'article de Valérie Fasseur, « Ours à malices. *Lokis* ou le mystère des origines », p. 9-36.

29 Le précepteur ridicule du jeune Conrad d'Apremont, maître Bonin, peut être vu comme la mise en scène satirique d'un Froissart grotesque, lorsqu'il s'exclame : « Je ne demande à Dieu que de vivre assez longtemps pour pouvoir écrire les prouesses que vous ferez un jour. Vous ferez oublier les exploits d'Amadis de Gaule. » (P. 26.)

30 Je limite mon propos ici à la seule question de la chevalerie. Pour une lecture globale de *La Jaquerie*, replacée dans le genre des « scènes historiques », voir Xavier Bourdenet, *L'Écriture de l'Histoire chez Mérimée*, *op. cit.*, et Stéphane Arthur, « Mérimée et les scènes historiques. La représentation de l'Histoire dans *La Jaquerie* », *Mérimée et le théâtre*, dir. Xavier Bourdenet et Florence Naugrette, Publications numériques du CÉRÉdI (université de Rouen), 2015, http://ceredi.labos.univ-rouen.fr/public/?merimee-et-le-theatre.html (consulté le 28/05/2021).

CHEVALERIE ET GÉNÉALOGIE

Le premier trait frappant, mais attendu, dans la mise en scène de la noblesse est la question de la *généalogie.* Les nobles de *La Jaquerie* cherchent à s'inscrire dans une lignée, par le biais de laquelle ils se pensent *dans* l'histoire. On notera tout d'abord que, dans le personnel dramatique de la pièce, il n'y a que pour la famille d'Apremont que nous soient présentées plusieurs générations dans un modèle vertical, qui lie le père (Gilbert) à ses enfants (Conrad, Isabelle). Pour tous les autres (serfs, bourgeois et aventuriers), si le modèle familial est présent, mais beaucoup moins prégnant, c'est toujours dans un schéma horizontal qui joue au sein d'une seule et même génération : c'est autour du personnage de Renaud que ce cercle familial est le plus fourni, avec sa sœur – Élisabeth –, son beau-frère – Simon –, et le cousin de sa femme – Mancel. Mais c'est sans commune mesure avec la peinture de la famille d'Apremont, au sein de laquelle on ajoutera que Gilbert invoque régulièrement son père (p. 32 et scène XXIV) et plus largement ses « aïeux » (p. 229)[31]. Le noble se construit donc dans la pensée d'un lignage qui l'oblige. C'est ce qui explique que la question de l'éducation et donc de la transmission des valeurs soit si importante. Or, c'est précisément sur elle que s'ouvre la scène III, qui peint pour la première fois l'univers noble. On y voit le jeune Conrad échanger avec son précepteur à propos de « quelque belle histoire du temps des preux », de « grands chevaliers » et de l'institution d'« ordres de chevalerie » (p. 24-25). La transmission d'une mémoire glorieuse, dans une perspective clairement hagiographique, se fait oralement (« *Conte*-moi encore quelque *belle* histoire du temps des *preux* ») et mêle histoire antique (Hector le Troyen, Thémistocle, roi de Perse, le roi Lycurgue de Laconie), histoire médiévale, mais légendaire (le roi Arthur), et figures littéraires (Amadis de Gaule), via les « romans de chevalerie » que mentionne la note 18 de Mérimée. L'idéal chevaleresque est ainsi indexé, à l'orée de la pièce, à une série de figures plus légendaires que réelles qui le renvoie du côté du *mythe* fondateur plus que de l'histoire proprement dite.

---

31 On notera que le texte fait silence sur le personnage de la mère, morte. Ce sont les figures masculines qui déterminent et déclinent prioritairement l'ascendance noble.

Cette scène fonctionne en triptyque avec les deux premières, qui elles aussi s'ouvraient sur la question de la transmission des valeurs : par le biais du rite d'initiation du nouveau « loup » dans la scène I, par celui de l'élection d'un nouvel abbé dans la scène II. Ces trois premières scènes mettent donc en jeu la constitution du groupe autour d'un système proprement idéologique, d'un idéal à valeur identitaire qui le distingue des autres et en assure la pérennité. On soulignera un clin d'œil ironique de Mérimée : dans la scène III le précepteur compare d'emblée le jeune Conrad d'Apremont à Amadis de Gaule dont il fera oublier les exploits (p. 26). Se mesurer à cette figure, en faire l'étalon de sa geste, c'était le projet de… Don Quichotte[32] : ce n'est pas la garantie la meilleure pour une action efficace ! Cela assimile immédiatement l'idéal chevaleresque à une construction imaginaire qui fait écran au réel.

La perspective généalogique se poursuit avec la reprise dans *La Jaquerie* d'un topos historiographique pour évoquer les origines de la noblesse. Frère Jean explique en effet en ces termes l'origine de la féodalité :

> Ces nobles sont venus dans cette terre avec le roi Francus ; ils ont vaincu nos pères avec leurs chevaux bardés de fer et leurs armures de fer forgé ; ils nous ont fait esclaves… Mais si nous reprenions les armes, si nous les attaquions à notre tour, crois-tu que nous ne pourrions pas montrer que notre vieux sang gaulois est aussi bon que le leur. (P. 115.)

La note 45 de Mérimée précise qu'il s'agit d'une « ancienne tradition qui fait descendre les rois Francs de Francus, fils de Priam, roi des Troyens[33] ». Cette tradition est en fait purement légendaire et origine la noblesse française dans le passé immémorial du mythe troyen en établissant une ligne droite d'un pseudo Francus aux Francs. Cette légende connaît un grand succès au Moyen Âge et Ronsard la reprend encore dans sa *Franciade*[34]. Au-delà et plus largement, le propos renvoie au débat vif sur l'origine du royaume et la nature de la monarchie franque, qui a agité tout le XVIIIe siècle et continue d'être un point de cristallisation de l'historiographie romantique sur le Moyen Âge, avec la thèse classique

---

32 Dont Mérimée vient de préfacer la traduction qu'en a donnée Filleau de Saint-Martin en 1826 chez Sautelet (*Histoire de Don Quichotte de la Manche*).

33 Plus exactement neveu de Priam dans ce que les historiens appellent la chronique du *Pseudo-Frédégaire* (fin VIIe-début VIIIe siècles).

34 Voir Claude Nicolet, *La Fabrique d'une nation. La France entre Rome et les Germains* [2003], Paris, Perrin, « Tempus », 2006, p. 40-47.

de Boulainvilliers[35] reprise au XIXe par Montlosier[36], pour justifier la préséance et les privilèges de la noblesse[37]. L'historiographie classique de la noblesse en a fait l'un de ses thèmes essentiels : la noblesse descend des Francs, des envahisseurs germaniques (et non pas troyens) ; le Tiers-État des Gaulois (du peuple gallo-romain). Cette thèse, dite « germaniste », repose sur l'idée d'

> une vraie conquête militaire sur les armées et les populations romaines, et telles sont l'origine et la base de la légitimité de la « royauté » franque, et celle de la prédominance des vainqueurs sur les vaincus, qui se traduit essentiellement par les privilèges de la noblesse[38].

L'idée est reprise par Chateaubriand dans ses *Martyrs*, tout comme par Augustin Thierry notamment dans ses *Lettres sur l'histoire de France* (1827) et ses *Considérations sur l'Histoire de France* (1840), préface de ses *Récits des temps mérovingiens* (1840), mais en inversant radicalement la perspective de Boulainvilliers et Montlosier, puisque, en libéral convaincu, il valorise cette fois les vaincus (les Gaulois) et stigmatise les conquérants vainqueurs (les Francs) et introduit avant Marx, on l'a souvent noté, l'idée d'une « lutte des classes » constitutive donc de la féodalité et plus largement de l'histoire. La réplique de frère Jean et la

35 Dans l'*Histoire de l'ancien gouvernement de la France avec 14 lettres historiques sur les parlements, ou États Généraux* (La Haye, Amsterdam, aux dépens de la Compagnie, 1732) et son *Essai sur la noblesse de France, contenant une dissertation sur son origine et abaissement*, publication posthume, Amsterdam, s. n., 1732. S'y oppose la thèse de l'abbé Dubos (*Histoire critique de l'établissement de la monarchie française dans les Gaules*, Paris, Osmont, 1734) et plus largement la position dite « romaniste », pour qui « au contraire, les guerriers francs, leurs rois et leurs généraux n'étaient intervenus en Gaule, avant même le règne de Clovis, qu'avec l'accord et à la demande du pouvoir romain ; d'où deux conséquences : d'abord, la légitimité de la monarchie remonte, en dernière analyse, à celle de l'Empire romain. Ensuite, s'il n'y a pas eu conquête, il n'y a pas eu appropriation des terres par les Francs ni réduction en servitude des Gallo-Romains. La funeste distinction entre nobles et roturiers ne s'introduisit que plusieurs siècles plus tard (à une époque à déterminer scientifiquement), avec l'apparition de la féodalité ». (Claude Nicolet, *op. cit.*, p. 58). Montesquieu a synthétisé ces deux « système » à la fin de *L'Esprit des lois* (Livre XXX, chap. 10). Sur le débat historiographique autour des origines de la noblesse et les positions des « germanistes » et des « romanistes », voir Claude Nicolet, *op. cit.*, p. 57-96, ainsi que la section « Historiographie » de *La Fabrique du Moyen Âge au XIXe siècle* (première partie, chapitre IV).

36 *De la monarchie française depuis son établissement jusqu'à nos jours* (1814-1815).

37 Le comte de Boulainvilliers, historien, est l'ardent partisan d'un anti-absolutisme aristocratique, et le défenseur, contre la monarchie, spécialement absolue, du système féodal, conçu presque comme une république fédérative mais aristocratique.

38 Claude Nicolet, *op. cit.*, p. 58.

note de Mérimée évoquent cette tradition qui pense la nation française ici comme la soumission d'un élément autochtone (les Gaulois) à un élément venu d'ailleurs (la Germanie), mais ici, par la référence, légendaire et pas du tout historique, à Troie, par le glissement des Francs à un prétendu Francus, d'un ailleurs glorieux, héroïque, qui légitimerait par son origine mythique la domination de la classe qui s'en dit issue.

Mérimée, par la bouche de frère Jean, s'inscrit dans la perspective d'un Augustin Thierry, et assurément pas dans celle d'un Boulainvilliers ou d'un Montlosier : il fait de la noblesse le résultat d'un rapport de force. Un *corps étranger* donc qui s'est imposé par la force, la spoliation. La structure féodale devient dans cette perspective une soumission *indue* des serfs, propriétaires légitimes de la terre, transformés en « esclaves ». C'est évidemment justifier la révolte des paysans, légitimer la Jacquerie comme une forme de réappropriation de leur histoire et de leur terre. La Jacquerie ou la revanche des vaincus.

CHEVALERIE ET BRAVOURE : L'IMPOSSIBLE HÉROÏSME DES « PREUX »

Dès ses origines donc, l'idéal chevaleresque est vicié : il n'est là que pour masquer un rapport de force assimilable à un esclavagisme, dont la logique se transmet de génération en génération[39]. C'est d'emblée jeter une lumière suspecte sur les valeurs de bravoure, de courage, de force d'âme et d'honneur fondatrices de la « chevalerie ». Plus largement, ces valeurs, qui concernent le rapport au danger et à la mort et trouvent dans le combat leur lieu d'expression privilégié, sont dans *La Jaquerie* sans cesse dévoyées et sapées. Gilbert d'Apremont est celui qui les rappelle constamment et voudrait les mettre en œuvre[40]. En vain. Car la chevalerie des « preux » est toujours problématique dans la pièce.

---

39 Témoin ces premiers désirs de Conrad : « Quand je serai grand, et que je serai page, j'irai, comme eux, à la chasse aux vilains » (p. 25). Ce à quoi le préparent ses jeux d'enfant : « Quand je joue à la bataille avec mes paysans, je ne crains pas cinq ou six petits vilains. À grands coups de bâton, je les fais courir comme des lièvres. » (P. 25.)

40 Voir, par exemple, cette préoccupation de Gilbert, qui veut mener son fils voir l'exécution de Girart : « [U]n gentilhomme doit de bonne heure s'accoutumer à voir la mort de près,

Elle est tout d'abord dévoyée en pulsion sadique. C'est le personnage de Conrad qui vide la bravoure chevaleresque, l'habitude du danger et de la violence qu'elle suppose, de toute signification autre que d'un simple *plaisir* de la violence pour elle-même. Le « preux » n'use jamais de violence gratuite ; Conrad cultive quant à lui la violence pour elle-même, émoustillé par le *spectacle* de la souffrance. Ce n'est plus « chevalerie » mais « cruauté », comme le souligne Isabelle[41]. Conrad demande ainsi, à propos de Renaud qui a tué le Sénéchal : « Papa, n'est-ce pas qu'on le mettra à la question ? » (P. 131.) Il saute de joie à l'idée qu'on pourrait le brûler vif (« Ah ! oui, je n'ai jamais vu brûler vif », p. 136). La scène XVII le voit imaginer des raffinements de cruauté, toujours dans un éclat de rire : « Ah, ah, ah ! si on mettait le feu à cette paille pendant que ce vilain est étendu dessus, comme cela le ferait gigoter ! [...] Je donnerais bien toute cette paille pour voir la mine de ce vilain quand il se sentirait flamber. » (P. 166.) On aura noté qu'il s'agit dans tous ces exemples de *voir* souffrir.

La chevalerie peut ensuite se dévoyer en pure vanité. Avec le personnage de Florimont de Coursy à la scène XIX, qui ne cesse de répéter qu'il est « chevalier banneret[42] » avec « treize pennons » (p. 189) et que cela lui donne des droits, notamment celui de commander aux autres nobles. Il incarne une version ridicule de ces nobles imbus de leurs prérogatives et sourcilleux sur la question des rangs, mais tellement aveuglés par leur vanité et leur orgueil qu'ils en sont incapables d'avoir une appréhension juste du réel et des circonstances. Sa vanité, qui lui interdit de reconnaître son inexpérience complète dans l'art de la guerre, le conduit tout droit à la mort dans la scène XXI.

La chevalerie est encore problématique en ceci que *La Jaquerie* la montre partagée et illustrée par des vilains, et non par des « chevaliers ». La « chevalerie », la bravoure du preux, cette fois conçue au sens propre et positif, n'est pas l'apanage des nobles et ne saurait donc assurer la fonction identitaire que ceux-ci voudraient lui assigner. Gilbert d'Apremont, favorablement impressionné par le courage de Renaud qui s'est livré de lui-même pour éviter que son village ne subisse des

afin qu'il ne soit plus étonné en voyant le sang couler dans un combat. » (P. 27.)

41 « Mais voir périr un misérable désarmé, cela ne peut inspirer que de la cruauté. » (P. 27.)

42 Soit « celui qui, ayant un nombre suffisant de vassaux, a droit de lever bannière, c'est-à-dire de former avec eux une compagnie en vue du combat » (définition du CNRTL).

représailles, conclut ainsi : « Ce misérable a du cœur » (p. 137) ; « Je suis presque honteux de voir à ce misérable plus de courage que n'en ont certains gentilshommes » (p. 133). Pierre, le jeune serf devenu écuyer, qui « a du cœur » (p. 80), manie l'épée et monte à cheval mieux qu'un gentilhomme, en est un autre exemple.

Enfin, la mort, censée consacrer la bravoure du chevalier, est systématiquement *anti-héroïque* dans *La Jaquerie.* Gilbert d'Apremont rappelle ce que devrait être la mort chevaleresque en invoquant le souvenir de son père mort sur le champ de bataille à Crécy, combattant jusqu'au dernier souffle, refusant de capituler et de donner son épée « à un chevalier banneret » (p. 235). Mort glorieuse, l'épée à la main. C'est précisément ce qui ne se passe pour *aucune* des morts, pourtant nombreuses, dans la pièce. À commencer par celle de Gilbert d'Apremont. D'une part il a capitulé (scène XXIV) et ainsi déchu par rapport à la mémoire glorieuse de ses aïeux, d'autre part cela ne le préserve pas de la mort : il meurt abattu d'une flèche alors qu'il essaye de s'enfuir avec Isabelle et Montreuil. C'est le contraire d'une mort en gloire. Florimont meurt également de deux coups de flèche, et ses derniers mots le montrent toujours aussi vaniteux mais en défaut par rapport à la mort chevaleresque idéale : « Ah ! si du moins c'était la lance d'un chevalier !... Jésus ! *(Il meurt)* » (p. 210). Etc., etc.

CHEVALERIE ET LANGAGE

Au-delà de la prouesse héroïque, le second trait par lequel *La Jaquerie* définit la chevalerie est celui d'un idéal de rapports entre pairs fondés sur l'estime et la confiance réciproque dans une relation immédiate impliquant franchise, simplicité, égalité et passant avant tout par la parole, qui engage l'être, et non par l'écrit, toujours suspect de fausseté. Le « chevalier » est alors pensé contre le modèle du savant, du « clerc ». C'est patent dans le cas de Gilbert d'Apremont, dépeint en ignorant qui se fait gloire de son ignorance. Ainsi il « se moque de l'instruction » que le précepteur donne à Conrad (p. 25) et ne sait évidemment ni lire ni écrire :

> Lis-moi cette lettre, Isabelle, je suis tout aussi ignorant que feu monsieur mon père qui n'a jamais su lire ses prières ; mais par la sainte croix ! ce n'est point parmi nos jeunes chevaliers si savants que l'on trouverait son pareil. (P. 32.)

Cette lettre par laquelle Boëmond de la Source remercie d'Apremont d'avoir payé sa rançon témoigne d'une évolution dans le monde chevaleresque que d'Apremont déplore. Elle « ne contient que des remerciements, des protestations d'amitié et de dévouement » (p. 33) ; autrement dit aux yeux de d'Apremont que « fades compliment inutiles » et « papier perdu » (p. 33) :

> Un chevalier s'étonne que son frère d'armes paye sa rançon, et il lui écrit une page pleine de traits noirs pour l'en remercier ! De mon temps un chevalier disait à son ami : « Je n'ai point d'argent, donne-moi ta bourse. » Cette franchise de nos pères valait mieux que cette politesse d'aujourd'hui. [...] Il faut être incapable d'une action généreuse, pour témoigner sa reconnaissance en termes si pompeux. Mais ainsi va le monde. Les vieilles coutumes se perdent, et avec elles aussi les vertus de nos ancêtres. (P. 33-34.)

La « politesse » est à entendre ici en deux sens. Elle désigne un polissage des mœurs et renvoie à ce que Norbert Elias a appelé le « procès de civilisation[43] ». Elle renvoie ensuite à un type de langage, à une rhétorique de la louange vide ou affectée, à ce que d'Apremont appelle des « termes si pompeux », ailleurs des « fadaises » de troubadour (p. 29), soit une médiation du rapport interpersonnel par des codes langagiers qui signalent un phagocytage de la parole par la culture de l'écrit et le monde du savoir.

Or, *La Jaquerie* montre que l'idéal de d'Apremont, où la parole est directement engrenée sur l'être et où la confiance et la reconnaissance d'une parité suffisent à fonder l'action, sans médiation d'une quelconque rhétorique, est irrémédiablement caduc. Bien loin d'une confiance dans la parole donnée, d'une loyauté immédiate caractéristique des sociétés anciennes, la « chevalerie » en 1358 se voit partout remplacée par le *contrat* – ainsi que la négociation et le travail rhétorique qui l'accompagnent.

---

43 Norbert Elias, *La Civilisation des mœurs*, trad. Pierre Kamnitzer, Paris, Calmann-Lévy, 1973 (trad. de la première partie de *Über den Prozess der Zivilisation*, 2e éd., 1969) et *La Dynamique de l'Occident*, trad. P. Kamnitzer, Paris, Calmann-Lévy, 1976 (trad. de la 2de partie). Récemment complété d'un inédit en français : Norbert Elias, *Moyen Âge et procès de civilisation*, texte présenté par Étienne Anheim, traduit par Anne-Marie Pailhès, Paris, Éditions de l'EHESS, 2021 (trad. de *Über den Prozess des Zivilisation II*).

C'est très précisément ce que donne à voir la scène XXXIII entre deux « chevaliers », Siward et Bellisle, où le second séduit le premier et l'engage au service du régent. Siward accepte non par idéal chevaleresque[44], parce qu'il penserait que là est son devoir de « gentilhomme », mais simplement par cupidité, parce qu'il est littéralement *acheté* par Bellisle, qui sait y mettre le prix (« la paie des gendarmes français » pour les hommes de Siward et « une pension perpétuelle de cent écus » pour lui, ainsi qu'un nouveau titre de noblesse – il deviendra « comte » et « banneret », p. 291-292). Les francs ont remplacé les Francs. De manière révélatrice, Bellisle demande à Siward un engagement écrit, alors même que le capitaine lui a donné sa parole (et que la promesse a été scellée par la traditionnelle poignée de mains) : « Et ne me donnerez-vous pas en retour un mot d'écrit ? ne signerez-vous pas votre engagement ? » (P. 292.) Sous la chevalerie, qu'on peut bien invoquer comme idéal, s'impose une réalité : celle de l'argent et du contrat, qui précisément montre l'inefficience concrète de cet idéal – en 1358. Que dire alors de 1828[45] ?... Mérimée, comme le note judicieusement Thierry Santurenne, dans une lecture d'inspiration girardienne, « saisit le moment où se met en place un nouveau type de médiation » mimétique des désirs – le pouvoir financier –, tandis qu'un autre – l'idéal chevaleresque – s'effondre[46].

---

44 Idéal que le début de la scène a ironiquement rappelé en accumulant les stéréotypes de la « chevalerie » héroïque : chevalerie errante, tournois, beaux faits d'armes, etc.

45 Faut-il lire dans cette omniprésence de l'argent dans la représentation de la noblesse (avarice du bien nommé *Apre*mont, rançon de Siward, etc.) une allusion au milliard des émigrés qui, en 1825, a défrayé l'actualité ? Le milliard hante en tout cas le co-texte de la pièce.

46 Thierry Santurenne, art. cité, p. 41. Il poursuit : « Pierre et frère Jean, pour lesquels le médiateur était encore l'aristocratie traditionnelle [Pierre rêvant de s'y agréger comme écuyer ; frère Jean d'en reproduire les codes en se faisant élire abbé du couvent], sont éliminés de la sphère sociale [tous deux meurent violemment] par Siward qui a su reconnaître que la suprématie obtenue grâce à l'argent permettait de faire de soi-même un modèle envié. » (*Ibid.*).

CHEVALERIE ET COURTOISIE

Dans la peinture de l'univers chevaleresque Mérimée n'oublie pas la courtoisie, qui est l'un des socles idéologiques les plus forts du monde médiéval tel que l'imagine le XIXe siècle. Il le fait notamment au travers du personnage de Pierre, construit en véritable troubadour amoureux de sa « dame ». Instruit par frère Jean, « qui lui a fait part de sa clergie » (p. 97), Pierre est explicitement identifié à la figure du « troubadour » lorsque Mérimée lui octroie parmi ses qualités la « gaie science », que la note 37 glose ainsi : « Tous les talents nécessaires à un troubadour. » Non seulement il sait lire et écrire, mais il joue de la mandore et de la sambuque, c'est-à-dire qu'il peut *chanter* et accompagner les textes qu'il compose : « En fait de gaie science, il en sait plus qu'un ménestrel de Toulouse », conclut Marion (p. 97)[47].

Un jeune vilain troubadour amoureux d'une dame noble et hautaine, autrement dit inaccessible : situation topique dans la lyrique amoureuse et les *Vidas* de troubadours. Stendhal a rappelé le destin de quelques-uns d'entre eux dans *De l'Amour*[48], à la suite de François-Juste-Marie Raynouard et de son *Choix des poésies originales des troubadours* (1816-1821) et en consonance avec les travaux de Claude Fauriel sur la poésie provençale. Le personnage de Pierre hérite en droite ligne de cette redécouverte de la lyrique médiévale sous la Restauration, qui constitue une bonne part du co-texte[49] de la pièce. Pierre fait figure de parfait amant courtois. Il est ainsi tout entier dévoué à sa maîtresse pour le service de laquelle il est prêt à tout sacrifier : « Je voudrais me battre

47 Sur la « gaie science » de Toulouse, académie poétique fondée en 1323, qui entendait revivifier la lyrique des troubadours, comme sur ses réinterprétations romantiques, voir notamment Jean Sarocchi, « *De l'amour* ou le *gai savoir* », *Persuasions d'amour. Nouvelles lectures de* De l'amour *de Stendhal*, dir. Daniel Sangsue, Genève, Droz, 1999, p. 163-172.

48 Voir Xavier Bourdenet, « De l'Histoire au fantasme : les troubadours ou le mythe de l'origine dans *De l'amour* de Stendhal », *La Réception des troubadours au XIXe siècle*, actes du colloque de Toulouse (5-7 juin 2013), dir. Jean-François Courouau *et alii*, à paraître aux Classiques Garnier.

49 Au sens sociocritique de la notion. Le co-texte est défini par Claude Duchet comme « tout ce qui s'écrit *avec* le texte mais sans être nécessairement textualisé, tout ce qui est lu avec le texte sans être pourtant concrétisé, sans être littéralement exprimé ». (« Sociocritique et génétique », *Genesis*, n° 6, 1994, p. 117.)

pour vous… je voudrais verser tout mon sang à votre service. » (P. 81.) Et lorsqu'elle est menacée par la révolte des Jacques : « Je la sauverai, ou je perdrai la vie » (p. 244) ; « Je veux mourir pour elle » (p. 244). Il est ensuite celui que l'amour fait écrire. Il compose des vers qui ne sont que célébration de sa dame : « À la plus belle des belles, haute et puissante dame, damoiselle… » (p. 104). Ces premiers vers du poème découvert par Isabelle dans le livre de comptes tenu par Pierre, suffisent à donner le « la » et la teneur d'une production lyrique courtoise topique. Cette simple allusion suffit à produire l'effet de co-textualisation. Le lecteur de 1828 n'a plus qu'à mobiliser les références qui occupent le champ littéraire du moment.

Mais ce n'est pour Mérimée qu'un point de départ. Là où Raynouard et Stendhal célèbrent l'érotique incandescente et idéale que suppose la courtoisie, *La Jaquerie* la bat en brèche et montre son inanité. Loin d'en faire l'idéal des rapports entre les sexes, il en fait un *idéalisme*, au mauvais sens du terme, qui, comme tous les idéalismes à ses yeux, s'avère mensonger et aveuglant, une de ces puissances fallacieuses de l'illusion dont Pierre Glaudes a montré combien Mérimée en « *penseur positif* » et en « *matter of fact man* » les combat et démystifie[50]. La courtoisie est dans *La Jaquerie* un imaginaire mystifiant, qui ne résiste pas à l'épreuve du réel. Ainsi Pierre imagine-t-il, à la scène VIII, un scénario idéal, largement fantasmatique, par le biais du fabliau qu'il invente donnant à voir un vilain (l'archer Danain) sauvant une damoiselle (Flamme des cœurs) du danger (l'assaut de l'ennemi turc contre la tour où la belle s'est réfugiée), tombant amoureux d'elle, s'en faisant aimer, finissant par l'épouser dans un happy end de conte de fées (le vilain fait chevalier par le roi jouit d'une vie longue, heureuse, avec de beaux enfants et de grandes richesses). Mais ce scénario est cruellement démenti dans la pièce, où il figure un impossible. D'abord par la réaction immédiate d'Isabelle, qui loin de se montrer sensible à l'histoire d'amour idéal que présente le fabliau ne conclut qu'à son *inconvenance* et son *invraisemblance* :

> Il est vrai qu'on ne doit pas s'attendre à trouver beaucoup de raison dans un fabliau, mais encore il y a des bornes qu'on ne devrait jamais dépasser. Qui peut avoir l'effronterie de dire qu'une dame noble peut éprouver de l'amour

50 Voir Pierre Glaudes, « Ce qui fait obstacle au savoir. La dialectique de la raison chez Mérimée », *Mérimée et le bon usage du savoir*, dir. P. Glaudes, Toulouse, PU du Mirail, « Cribles », 2008, p. 103-134 (citations p. 104).

> pour un vilain ? Autant vaudrait dire qu'une aigle peut aimer un hibou. [...] Il est vrai qu'on ne peut parler que pour soi ; mais le plus bel homme de France et le plus rude champion, eût-il tué dix mille Turcs, m'eût-il tirée des mains des Sarrazins ou des griffes de Lucifer, s'il était vilain, il ne devrait attendre de moi d'autre sentiment que de la reconnaissance. (P. 103.)

Isabelle, qui jusqu'ici se distinguait plutôt dans la pièce par sa douceur et sa compassion, se montre fort imbue de ses prérogatives de classe et n'autorise même pas la fiction (le fabliau) à s'en jouer. Loin de se laisser attendrir, Isabelle chasse purement et simplement l'écuyer-troubadour. Ensuite, lorsque Pierre se trouvera effectivement dans la situation de Danain, en position de devoir sauver Isabelle du danger non pas des Turcs mais des Jacques lors de l'assaut du château d'Apremont (scène XIX), il échouera à le faire, et loin de déboucher sur un mariage heureux, la séquence se conclura par la capture et... le viol d'Isabelle par l'un des assaillants (Siward) ainsi que, plus tard, par la mort de Pierre lui-même (scène XXX). L'imaginaire idéal a ainsi été en tous points violemment et ironiquement contredit et même retourné par l'épreuve du réel.

C'est sans doute au personnage de Siward, dans ses confrontations avec Isabelle, qu'il revient de montrer le plus explicitement que la courtoisie n'est qu'artifice et mystification. Si Pierre est sincère dans son aveuglement, Siward, lui, *joue* consciemment au pseudo chevalier courtois. Et dans un but on ne peut plus concret. Dans la scène XIV, c'est parce qu'il vient d'apprendre qu'Isabelle aura une véritable « dot de princesse » (p. 141) qu'il entreprend de la séduire par des « paroles courtoises » (p. 143), soit par tous les clichés de la lyrique courtoise médiévale (le chevalier prisonnier des yeux d'une belle châtelaine par exemple, qui reprend l'*inamoramento* pétrarquiste). Mais Isabelle, rusée, ne se laisse pas circonvenir et le démasque en le mystifiant elle-même. Elle lui fait croire que sa dot disparaît si elle épouse quelqu'un d'autre que Montreuil, ce qui a pour effet de refroidir aussitôt les ardeurs de Siward : « Ha ! ha ! ha ! voilà sa courtoisie disparue. Le conte que je lui ai fait a coupé court le fil de ses compliments. » (P. 145.) Un « conte » répond à un autre. La courtoisie n'est ici que le langage stéréotypé de la ruse cynique.

La démystification de la courtoisie sera encore plus nette dans leur dernière entrevue. Siward ayant fait Isabelle prisonnière, celle-ci dit se fier à la « chevalerie » de Siward (p. 248), qui réplique : « Ne craignez rien, madame ; j'aurai pour vous plus de courtoisie que vous n'en avez eu pour moi [allusion à la scène XIV]. Vous m'avez donné place dans votre château, je prétends vous donner place dans mon lit. » (P. 249.) Sur quoi il l'embrasse avant de la violer sans autre forme de procès puis de l'épouser et de mettre ainsi la main sur la fortune de d'Apremont ! On le voit, Mérimée n'y va pas par quatre chemins et ne craint pas la surenchère. Là encore le langage courtois est donné pour discours mystifiant, en contradiction totale avec le réel. À aucun moment l'idéal ne parvient à se traduire en actes. Ce qui s'impose à la place : le matérialisme le plus cynique et le plus vorace[51], dont témoigne symboliquement l'appétit sexuel de Siward. Le gazage courtois s'inverse en réalisme cru[52]. *La Jaquerie* est aussi une contre-érotique courtoise.

On le voit, l'idéal chevaleresque sur lequel repose le système féodal est systématiquement délégitimé dans *La Jaquerie*. Il faudrait y ajouter que l'anticléricalisme virulent de Mérimée vide la pièce de tout le contenu spirituel et chrétien qui forme traditionnellement le fondement de la « chevalerie » (voir Chateaubriand et Mme de Staël). Les moines de *La Jaquerie* sont cupides, poltrons et gloutons – Mérimée reprenant un type fréquent dans les fabliaux comme dans la littérature anticléricale des Lumières[53]. Ils n'hésitent ainsi pas à *fabriquer* des miracles pour exploiter la crédulité des fidèles, miracles auxquels ils sont alors les seuls à ne pas croire. L'essentiel est d'alimenter les caisses du couvent tout en impressionnant les fidèles (scène III, p. 18-19). Le monde ecclésiastique est lui aussi gangréné par l'argent. On y verra une allusion transparente aux pratiques douteuses des missionnaires jésuites sous la Restauration, que Stendhal s'amusera à mettre en scène dans ses chroniques pour l'Angleterre et *Lamiel*[54]. Le ciel de *La Jaquerie* est résolument et définitivement vide.

---

51 À noter que Siward, l'un des principaux agents de cette entreprise de démolition systématique de la chevalerie et de la courtoisie, présente une noblesse suspecte. Sa chevalerie est jouée, fabriquée, et sans doute pas authentique. C'est ce que laisse entendre la servante clairvoyante d'Isabelle : « Lui gentilhomme ! Il l'est comme tous les malandrins ses pareils, qui se fabriquent des armoiries aussitôt qu'ils ont rassemblé dix coquins armés. » (P. 146.) La chevalerie n'est plus que le masque d'appétits on ne peut plus matériels. Elle ne fonde plus l'être mais un simple paraître.

52 La « haute et puissante dame douée d'une si grande beauté » (p. 99) du troubadour Pierre n'est aux yeux de Siward qu'« un si friand morceau » (p. 254).

53 Voir, par exemple, la note 38 de Mérimée : « On voit dans les fabliaux français avec quelle irrévérence les troubadours traitaient les prêtres et les moines. »

54 Voir Philippe Berthier, entrée « Jésuites » dans *Petit catéchisme stendhalien*, Paris, De Fallois, 2012, p. 85-91, et « Mangeons du jésuite ! Mangeons du jésuite », dans *Stendhal.*

La pièce ne soumet aucun des autres camps ou classes à un traitement aussi décapant que celui qui affecte la noblesse et la chevalerie. Face à ces nobles dévoyés depuis toujours, la bourgeoisie n'est certes pas épargnée par Mérimée. Les bourgeois de Beauvais sont aussi hautains que les nobles d'Apremont et aussi peureux que des moines. Mais ils existent trop peu dans la pièce (une seule scène, la XXIII) pour constituer une force politique réelle et surtout une alternative crédible, pour l'heure, à la noblesse. Ils disparaissent aussi vite qu'ils sont apparus[55], et Étienne Marcel, prévôt des marchands de Paris, qui a soutenu la Jacquerie, n'est, significativement, pas mentionné dans la pièce. Restent les « vilains » qui, eux, s'ils ne sont assurément pas idéalisés, ne subissent jamais un traitement aussi dégradant et caricatural que les nobles. Certes ils ne sont pas exempts de violence ni d'appétits matériels, loin s'en faut. Certes, ils ne savent guère rester unis et se retournent contre leur chef à la fin de la pièce. Mais des personnages comme Renaud et Simon sont pris dans une axiologie globalement positive. Sans parler de frère Jean, « chef de révoltés » (p. 3) avec certes des zones d'ombre[56], mais personnage instruit, faisant preuve de réelles qualités de rassembleur et de leader, animé d'un idéal politique, dont on chercherait en vain l'équivalent du côté des nobles. C'est assez dire où vont les sympathies de Mérimée. Entend-il pour autant faire du peuple une réelle force politique et l'agent de l'histoire, à l'instar d'un Augustin Thierry ? Rien n'est moins sûr. Le dénouement le dit. Particulièrement sombres

---

Littérature, politique et religion mêlées, Paris, Classiques Garnier, 2011, p. 163-178.

55 Une comparaison avec Vitet serait ici instructive. L'auteur des *Barricades* laisse une place bien plus importante et surtout plus digne à la bourgeoisie. La bourgeoisie est dans *La Jaquerie* comme en attente : la décadence de la noblesse va bientôt lui donner toutes ses chances. Tout comme le pouvoir royal. Roger Bellet fait judicieusement de *La Jaquerie* « une sorte de totalité non close, populaire, intérieurement contrastée, heureusement tendue entre deux pouvoirs absents-présents, prêts à s'insérer dans le vide qui commence à dissocier paysannerie et aristocratie : le pouvoir royal et la puissance bourgeoise, eux-mêmes d'essence opposée » (art. cité, p. 29).

56 Peter Cogman les a relevées : « Frère Jean is ambitious and arrogant ; he desires revenge for his humiliation, and lacks any real sympathy for the peasants (sc. IX, p. 76 : "Il n'y a pas de confiance à fonder sur cette vile espèce") ; he plays on their superstition and ignorance (sc. VII, p. 92), and threatens them to ensure his authority ». (Frère Jean est ambitieux et arrogant ; il veut se venger de son humiliation, et n'a pas de réelle sympathie pour les paysans ; il joue sur leur superstition et leur ignorance, et les menace pour assurer son autorité.) (« The Brother and the Beast : Structure and Meaning of Mérimée's *La Jaquerie* », *French Studies*, vol. XXXVI, 1982, n° 1, p. 30).

les derniers mots de la pièce sont un « Sauve qui peut ! » accompagnés de la didascalie : « *(Fuite et déroute générales)* » (p. 307). Ils témoignent de ce que Paule Petitier a très judicieusement identifié comme « la prépondérance des contradictions et la perpétuation des conflits sur la perspective de leur résolution[57] » et signent le profond pessimisme d'une pièce aux antipodes de l'optimisme libéral tout autant que de l'idéalisation mythifiante voire lénifiante du genre troubadour. On dira alors, avec Florence Naugrette et Jean Maurice, que

> Le monde médiéval représenté par Mérimée est hanté par une animalité, une sauvagerie qui est le signe d'une division mortelle au sein de la civilisation : l'échec de la révolte paysanne est l'image de l'impossible unité politique d'un peuple socialement divisé[58].

RÉACTIONS

Cet anti-idéalisme fervent de Mérimée, qui ne transparaît jamais autant que dans son traitement de la chevalerie, n'a pas été du goût de tous les contemporains. Y compris ceux qu'on aurait pu croire acquis à sa cause. Ainsi du *Globe.* Le compte rendu que Charles de Rémusat, donne de la pièce dans le numéro du 28 juin 1828[59], fait montre d'un enthousiasme pour le moins modéré. Il reconnaît à Mérimée le mérite d'un tableau de la société médiévale dans toutes ses nuances, le choix d'un sujet difficile, négligé par les historiens, qui met en lumière le rôle du peuple. Mais la pièce lui semble manquer de relief, d'une composition ferme[60] et, croit-on comprendre, d'une attitude plus engagée et plus sérieuse d'un auteur qui « écrit en se jouant[61] ». La critique la plus nette

57 Paule Petitier, « De la fable au fantastique : l'animalité dans *La Jaquerie* de Mérimée », *Prosper Mérimée. Écrivain, archéologue, historien*, dir. Antonia Fonyi, Genève, Droz, 1999, p. 123-134.

58 Florence Naugrette et Jean Maurice, « Les scènes historiques : Mérimée, *La Jaquerie, scènes féodales* (1828) », dans *La Fabrique du Moyen Âge*, *op. cit.*, p. 1021.

59 Il est reproduit dans notre édition de référence, p. 448-454.

60 Sur la composition de *La Jaquerie*, moins brouillonne qu'on ne le dit habituellement, voir Georges Zaragoza, « L'espace scénique dans *La Jaquerie* », *Mérimée et le théâtre*, dir. X. Bourdenet et Fl. Naugrette, *op. cit.* (consulté le 28/05/2021).

61 Charles de Rémusat, « *La Jaquerie, scènes féodales, suivies de La Famille de Carvajal, drame* ; par l'auteur du *Théâtre de Clara Gazul* », *Le Globe*, 28 juin 1828, t. VI, n° 71, p. 504.

vient toutefois à la fin – *in coda venenum* – et porte précisément sur la question chevaleresque. Rémusat, lui-même auteur d'un drame intitulé *La Féodalité* qui fut lu chez Delécluze en 1826[62] et traducteur du théâtre de Goethe, compare *La Jaquerie* au *Goetz de Berlichigen* de Goethe, dans lequel il voit un des tout premiers jalons, avant W. Scott, de « ce retour au Moyen Âge par l'imagination, [...] qui envahit maintenant tous les arts[63] ». Il y a dans *Goetz* « des scènes de paysans révoltés », « une jacquerie allemande, crayonnée en quelques traits simples et expressifs[64] », qui motive la comparaison avec *La Jaquerie* et qui a pu servir de source à Mérimée[65]. La différence radicale, aux yeux de Rémusat, tient précisément à ce que Goethe ménage la part de l'*idéal*, qui passe précisément par la mise en scène *sans distance* des valeurs chevaleresques et qui est le ressort *héroïque* de la pièce, *via* le traitement du personnage principal. Le tout produit « je ne sais quelle grandeur poétique qui ravit l'imagination et qui l'élève sans la dépayser[66] » :

> C'est, par exemple, le caractère de Goëtz, de cet homme si brave et si simple, qui inspire tant d'enthousiasme et d'effroi, qui porte tant d'équité dans la violence et mêle tant de bonté à sa rudesse. C'est ce guerrier infatigable qui, sans cesse à cheval et en plein champ, exerce la lance à la main sa redoutable justice, et, soumis au devoir autant qu'indocile à l'autorité, défend jusqu'au dernier soupir et sans espoir son altière indépendance. C'est ce héros des derniers âges chevaleresques, en qui se résume et s'éteint tout le génie d'une époque. Et pourtant rien en lui ne ressemble aux chevaliers de bonne compagnie qui figurent sur notre théâtre : dans l'intérieur de Jaxthausen [le château de Goetz], c'est le meilleur des maris, des pères, des maîtres ; il boit bouteille avec ses vassaux et siège en joyeux convive au festin d'une noce de village ; heureux mélange d'aimables et de nobles qualités unies aux mœurs grossières, aux opinions naïves : c'est le grand homme de tous les temps avec la physionomie de son siècle. Ainsi peuvent se concilier dans le drame la poésie et l'histoire ; ainsi sans sortir du vrai, le génie s'élève au grandiose. C'est par de telles créations que les productions du théâtre moderne pourront prendre place auprès des chefs-d'œuvre de l'ancien théâtre national. Il faut le rappeler

---

62 Mérimée l'a-t-il entendue ?

63 Ch. de Rémusat, art. cité, p. 505. Mme de Staël avait évoqué la pièce de Goethe dans *De l'Allemagne* (2e partie, chap. XXI) en soulignant que « la simplicité des mœurs chevaleresques » y est peinte « avec beaucoup de charmes » (Paris, Garnier Frères, 1932, t. I, p. 266).

64 Ch. de Rémusat, *ibid.*

65 Il s'agit du début de l'acte V de la pièce de Goethe.

66 Ch. de Rémusat, *ibid.*

> sans cesse à ceux qui sont aujourd'hui l'espoir de l'école nouvelle, l'idéal est de ce monde, puisqu'il entre dans l'esprit humain ; il est dans la vérité, au moins autant que tout le reste, et l'art serait incomplet et mensonger si tout ce que la nature admet et contient n'était reproduit dans ses fictions aussi bien et mieux peut-être que dans la nature elle-même. Il faut bien qu'il soit plus beau qu'elle, pour qu'il compense en beauté ce qui lui manque en réalité[67].

Rémusat, on le voit, assimile chevalerie, héroïsation (la figure du grand homme), poésie et idéal. Le héros de Goethe incarne une chevalerie parfaite, mue par un idéal de justice tout autant que de simplicité et de bonté. Homme « brave » et « simple », il devient « héros des derniers âges chevaleresques » puis rien de moins que l'incarnation du « grand homme de tous les temps ». On assiste là à une hypostase, qui, en célébrant les valeurs chevaleresques, fait passer du tableau de mœurs à la figuration de l'idéal et de la poésie, mieux, à la poésie de l'idéal[68].

C'est précisément ce glissement qui fait défaut à *La Jaquerie*, parce que Mérimée en refuse le levier essentiel – la célébration de la chevalerie. Dans le camp libéral, Mérimée opte pour une radicalité que tous ne sont ainsi pas prêts à suivre. De la « grandeur poétique », il n'a cure. Il s'agit pour lui, le réaliste narquois, de lui tordre le cou. *La Jaquerie* se présente comme la voie (et la voix) d'un libéralisme résolument anti-poétique. Car la poésie empêche de penser justement l'histoire.

Xavier BOURDENET
Université Rennes 2
CELLAM (EA 3206)

67 *Ibid.*

68 Chateaubriand, de son côté, faisait des « temps chevaleresques » « les seuls temps poétiques de notre histoire » (*Génie du christianisme*, éd. citée, p. 1012).

LES RÉÉCRITURES DE *LA GUZLA*

La Guzla, que Mérimée fait paraître en 1827 chez Levrault, à Strasbourg, s'est inscrite dans l'histoire littéraire comme un exemple de supercherie réussie. L'œuvre occuperait même une place de premier plan, si l'on en croit Augustin Thierry (1870-1956), auteur d'une des premières études consacrées à ce sujet : « [Mérimée] va pousser la supercherie aussi loin qu'il est en lui, la raffiner amoureusement, en faire une des plus parfaites qui soient dans l'histoire littéraire[1]. »

Cette reconnaissance a pour revers de limiter la portée de l'œuvre en tant que telle. En effet, tant qu'on la croit authentique, *La Guzla* suscite la curiosité ; dès que le mystère de sa paternité est élucidé, elle apparaît comme une mystification, c'est-à-dire comme une œuvre d'imitation : « la mauvaise réputation de la mystification réside en partie dans le fait qu'elle flirte avec de "mauvais genres" », résume Catherine Dousteyssier-Khoze[2]. Gustave Masson donne un bel exemple de cette méfiance lorsqu'il déclare, dans un article de *La Correspondance littéraire* du 10 novembre 1859 : « Je n'aime guère les pastiches, et ni *la Guzla*, ni les poèmes d'Ossian, ni les *Cent contes drolatiques colligès ez abbaies de Touraine* ne m'ont réconcilié avec ce genre essentiellement faux[3]. » Que ces pastiches et mystifications soient souvent le fait de jeunes gens en début de carrière (Mérimée, Pierre *Louÿs* et Sainte-Beuve ont alors respectivement vingt-quatre et vingt-cinq ans, rappelle Daniel Sangsue[4]) ne contribue nullement à atténuer ces griefs. Mérimée lui-même est peut-être conscient du risque, lorsqu'il écrit en préambule de son œuvre qu'il n'a vendu

1 *Les grandes mystifications littéraires*, Paris, Plon-Nourrit et Cie, 1911, p. 183.

2 « Mystification et parodie », *Romantisme*, n° 156, 2012/2, p. 4.

3 Gustave Masson, « Nouvelles littéraires de la Grande-Bretagne », *La Correspondance littéraire*, 4e année, 25 juin 1860, p. 375-376.

4 « Pasticheries », *Romantisme*, n° 188, 2020/2, p. 77.

qu'une douzaine d'exemplaires de l'ouvrage[5] ou lorsqu'il qualifie le recueil de « vieillerie » dans sa correspondance[6].

Vieillerie, *La Guzla* l'est très certainement du fait de son caractère daté. Le recueil de ballades populaires de Mérimée s'inscrit en effet dans une mode des années 1820. Parmi d'autres exemples, on peut citer le *Voyage de la Grèce* de François Pouqueville (1820), les *Chants populaires de la Grèce moderne* de Claude Fauriel et les *Chants héroïques des montagnards et matelots grecs* de Népomucène Lemercier, parus en 1824 et 1825. De nouvelles traductions voient également le jour : Saint-Ferréol publie ainsi une nouvelle traduction d'Ossian, Loève-Veimars des *Ballades, Légendes et Chants populaires d'Angleterre et d'Écosse* de Walter Scott et Marie Aycar des *Ballades et Chants populaires de la Provence*[7].

La Guzla, dès sa publication, est classée par la presse dans la catégorie des « productions nouvelles », signe de son ancrage dans le temps. Cela tient bien sûr, comme ne manque pas de le remarquer Goethe, à la déclinaison des thèmes « ultra-romantiques » du vampirisme et du mauvais œil[8]. Mais le titre même de « Guzla » – anagramme génial de « Gazul » – affiche son orientation romantique, dans une époque en quête d'exotisme. C'est ainsi que peut se comprendre la remarque de Charles Asselineau :

> La Guzla, la lyre du Romantisme, l'ornement obligé de tous les ateliers de mil huit cent trente-cinq, que Delacroix a peinte, que Mérimée a célébrée ; la Guzla, constellation ironique qui a éclipsé et renvoyé aux ténèbres et au bahut

5 « Avertissement » (1840), *Chronique du règne de Charles IX*, suivi de *la Double Méprise* et de *La Guzla*, Paris, Charpentier, 1842.

6 Lettre à un ami, 16 juillet 1833, *Correspondance générale* [*C. G.* par la suite], établie et annotée par Maurice Parturier, avec la collaboration, pour les tomes I à VI, de Pierre Josserand et de Jean Mallion, t. I-VI, Paris, Le Divan, 1941-1947, t. VII-XVII, Toulouse, Privat, 1953-1964, t. I, p. 243. On remarquera toutefois qu'il emploie volontiers ce terme de « vieillerie » pour qualifier les œuvres antérieures (voir par exemple la lettre qu'il adresse à la comtesse de Montijo, le 12 février 1841 pour évoquer *La Vénus d'Ille* et *Les Âmes du purgatoire*, *C. G.*, t. III, 1841-1844, p. 22).

7 Les journalistes opèrent également des rapprochements entre ces ballades contemporaines : voir par exemple le compte rendu du *Voyage pittoresque dans le Tyrol*, par le comte de B***, paru dans *Le Mois littéraire et historique, ou Esprit des journaux*, juillet 1825.

8 « *La Guzla, ou choix de poésies illyriques* », *Über Kunst und Alterthum in den Rhein und Mayn Gegenden*, 1828, repris par l'éditeur français dans *Conversations de Goethe pendant les dernières années de sa vie. 1822-1832*, recueillies par Eckermann, trad. Émile Delerot, introduction par Sainte-Beuve, Paris, G. Charpentier, 1863, t. II, p. 390-391.

> les mandores et les cithares de 1820, tout le vieil arsenal pseudo-gothique de *l'Almanach des Grâces* et des *Étrennes aux dames*[9] !

Une fois l'identité de l'auteur dévoilée, l'image du mystificateur va coller à la peau de Mérimée, comme le souligne Augustin Thierry :

> Au surplus, ce goût inné de la supercherie et du pastiche est-il la caractéristique, la marque profonde et psychologique de l'inventeur de Clara Gazul et d'Hyacinthe Maglanovich. Il poussa toute sa vie jusqu'à la maîtrise la science du trompe-l'œil[10].

On ne s'étonnera donc pas que ce goût pour le jeu ait favorisé des quiproquos, dont deux lettres envoyées par Michelet à Mickiewicz peuvent donner quelque idée : Mérimée y apparaît non seulement comme l'inventeur du recueil mais aussi comme l'inventeur du nom même de « guzla » ! La première lettre de Michelet à Mickiewicz date du 22 décembre 1840, jour de la première leçon du nouveau professeur au Collège de France. Mickiewicz avait évoqué les vieillards aveugles illyriens et serbes chantant des rapsodies sur leur guzla et Michelet lui écrivait le soir-même :

> Je crois devoir, mon illustre confrère, vous exprimer mon admiration pour ce beau et noble discours, puis vous soumettre un doute. Je ne sais si j'ai bien entendu. N'avez-vous pas parlé de la Guzla comme d'un instrument illyrien ? on m'avait assuré que le mot de Guzla avait été forgé par l'auteur de Clara Gazul dont il est l'anagramme. Ce petit livre d'ailleurs a été l'objet d'un article dans le Journal des savants. Si vous imprimez votre discours, veuillez examiner ce point. Croyez à mes sentiments les plus affectueux et à ma haute estime.

Et il reprend la plume deux jours plus tard pour présenter ses excuses :

> Mon cher et illustre confrère, il faut que vous m'excusiez de vous avoir demandé cet éclaircissement, voyez vous-même si je pouvais faire autrement. L'éditeur de Mérimée m'avait dit positivement que Guzla n'était autre chose que l'anagramme de Gazul je suis heureux de voir qu'il s'était trompé. Croyez à mon dévouement autant qu'à mon admiration[11].

---

9 Charles Asselineau, *L'Italie et Constantinople*, Paris, Alphonse Lemerre, 1869, p. 129.

10 *Op. cit.*, p. 171.

11 Cité par Ladislas Mickiewicz (fils de Mickiewicz) dans « Jules Michelet et Adam Mickiewicz », *Revue des Deux Mondes*, 1er mars 1924, p. 168-187.

Les préjugés relatifs à la mystification littéraire sont si puissants que même la publication de la thèse de Yovanovitch consacrée à *La Guzla*, en 1911, ne change pas fondamentalement le jugement porté sur l'œuvre. Dans sa préface, Augustin Filon réitère le jugement négatif sur la capacité créatrice de Mérimée qu'il avait formulé plus de dix ans auparavant[12] :

> J'ai vraiment devant moi maintenant celui qu'il définit « un grand poète sans imagination ». Oui, voilà bien ce qu'a été Mérimée pendant la première et trop courte période de sa vie littéraire, avant les salons, avant l'Académie des Inscriptions, avant la mondanité et l'archéologie : doué d'une vision sans égale, mais incapable de créer[13].

Le souvenir de *La Guzla* ne disparaît pas pour autant. On sait que l'œuvre inspire un grand nombre d'écrivains à l'étranger – de Pouchkine à Mickiewicz et Mary Shelley – mais on a trop tendance à penser qu'en France on s'en désintéresse complètement. En fait, les journaux vont entretenir durablement la mémoire de cette mystification à travers articles, comptes rendus, voire nouvelles qui la paraphrasent et l'imitent, en reprenant notamment l'Avertissement de 1840 et en jouant sur le contraste entre les deux faces de Mérimée, l'amuseur et l'académicien[14].

RÉÉCRITURES DE L'AVERTISSEMENT

Dans l'Avertissement de 1840 à la *Chronique du règne de Charles IX* (Charpentier, 1842), Mérimée procède à une démystification officielle. La révélation du caractère apocryphe du recueil de ballades populaires n'a rien d'une surprise, puisqu'elle a été préparée par la reconnaissance de Goethe, l'adresse à « Monsieur Première prose » de Hugo (anagramme de « Prosper Mérimée ») mais aussi par quelques fuites dans la presse.

Comment expliquer cet écart de datation ? La date de 1840 est-elle celle de l'écriture de cet avant-texte ? N'a-t-elle pas été rajoutée après coup ?

---

12 Augustin Filon, *Mérimée*, Paris, Hachette, 1898, p. 28.

13 Augustin Filon, « Préface » à Voyslav M. Yovanovitch, *« La Guzla » de Prosper Mérimée. Étude d'histoire romantique*, Paris, Hachette et Cie, 1911, p. XI.

14 Voir par exemple Maxime Revon, « Les vies multiples de M. Prosper Mérimée », *Les Nouvelles littéraires*, 8 août 1925.

Le morceau devait-il être publié ailleurs ? Impossible de trancher ; on en est réduit à des hypothèses : 1840 est l'année de parution de l'édition pré-originale de *Colomba* dans la *Revue des Deux Mondes* (1er juillet 1840), nouvelle tenue dès sa parution pour une œuvre « classique au vrai sens du mot[15] », selon Sainte-Beuve. De même Étienne, le directeur de l'Académie française, décrit *Colomba*, dans sa réponse au discours de réception de Mérimée, comme « le plus heureux de [ses] écrits, la plus exquise et la plus populaire de [ses] créations[16] ». Antidater l'Avertissement revenait à le faire coïncider avec la prépublication de cette nouvelle et à écarter l'image du romantique[17]... Toutefois l'autoparodie fait partie, comme on sait, de l'écriture et Mérimée n'a pas attendu cet Avertissement pour se moquer des stéréotypes romantiques, du faux exotisme, du faux héroïsme. Sa création littéraire en témoigne depuis ses débuts[18]...

Une chose est sûre : Mérimée reprend dans son Avertissement, pour une large part, le matériau et le ton, vif et léger, de la lettre qu'il écrivait à Sobolevski le 18 janvier 1835[19] : il y évoquait le succès de la supercherie, indiquait quelques-uns de ceux qui, à l'étranger, s'y étaient laissé prendre ; il mentionnait le projet de voyage avec Jean-Jacques Ampère (sans le nommer) jusqu'à Raguse et le manque d'argent qui les aurait conduits à écrire le voyage plutôt qu'à le réaliser.

Toute mystification appelle une démystification officielle, rappelle Daniel Sangsue[20]. Mérimée livre, de fait, des éléments attendus, comme le révèle la comparaison de son Avertissement avec les « Préliminaires »

15 Sainte-Beuve, *Portraits contemporains*, Paris, Didier, 1846, t. II, p. 384.

16 Charles Guillaume Étienne, « Réponse au discours de réception de Prosper Mérimée », 6 février 1845, https://www.academie-francaise.fr/reponse-au-discours-de-reception-de-prosper-merimee, consulté le 15 janvier 2022.

17 C'est peut-être en ce sens qu'il faut comprendre l'allusion que fait Mérimée dans une lettre à Jenny Dacquin du 22 juin 1842 à propos de la publication du volume chez Charpentier, enregistrée à la Bibliographie de la France le 13 août 1842 : « Il faut vous dire que je passe mes soirées à relire mes œuvres, qu'on réimprime. Je me trouve bien immoral et quelquefois bête. Il s'agit de diminuer l'immoralité et la bêtise sans se donner trop de peine [...]. » *C. G.*, III, p. 176.

18 Je me permets de renvoyer à mes deux articles : « Du triomphe du stéréotype au stéréotype vaincu. Les nouvelles mondaines de Mérimée », *Revue des Sciences Humaines*, n° 270, avril-juin 2003, p. 87-104 ; « Les Nouvelles mondaines de Mérimée ou Les comédies du cœur humain », *Prosper Mérimée*, Minard, « Écritures XIX », n° 6, 2010, p. 67-78. Sur *Carmen*, voir Thierry Ozwald, « Question de principe ou attrape-nigaud. L'écriture préfacielle selon Mérimée », *Cahiers Mérimée*, n° 9, 2017, p. 117.

19 *C. G.*, t. I, p. 875-876.

20 Daniel Sangsue, *La Relation parodique*, Paris, J. Corti, 2007, p. 182.

de *Jean Sbogar* (3e éd., 1832), où Nodier se révélait l'auteur de ce roman publié anonymement en 1818. On l'y voyait affecter de dénigrer son œuvre de jeunesse (« un retour complaisant de l'esprit d'un écrivain vers les riens de sa jeunesse »), aborder les questions d'attribution (*Jean Sbogar* aurait été attribué faussement à Benjamin Constant et Madame de Krudener), les questions de réception (Napoléon, aidé par un de ses amis, aurait deviné que Nodier en était l'auteur[21]). Mais aucune trace d'autodérision n'apparaît sous la plume de Nodier, qui poursuit pour objectif unique d'affirmer sa paternité de l'œuvre :

> Jean Sbogar n'est ni de Zchocke [*sic*], ni de Byron, ni de Benjamin Constant, ni de Mme de Krudener ; c'est qu'il est de moi ; et cela était fort essentiel à dire pour l'honneur de Mme de Krudener, de Benjamin Constant, de Byron et de Zchocke[22].

Tandis que Nodier utilise sa position en surplomb pour récuser toute idée de plagiat, Mérimée situe l'œuvre dans un tissu de relations. Cette circularité passe tout d'abord par le choix des deux références essentielles dans le cadre des mystifications littéraires de ce type : les *Fragments d'anciennes poésies* qui font évidemment penser aux *Fragments of ancient poetry collected in the highlands* de Macpherson (référence préparée dès l'édition originale par le nom même de Maglanovitch signifiant « fils du brouillard », selon Jeandillou[23]), et les *Lettres portugaises*.

Certes, le rapprochement entre les ballades populaires serbes et l'œuvre d'Ossian était courant dans la presse, et était motivé par l'idée de « primitivité ». Dès 1824 la parution du recueil de poésies nationales serviennes, traduites par Madame Voïart était l'occasion de citer le commentaire de Grimm, traducteur de la *Grammaire servienne* : « [ces ballades] rappellent à la fois Homère, Ossian, le Tasse et l'Arioste et ces vieilles ballades écossaises et espagnoles si pleines de sensibilité[24] ». *La Guzla*, en 1827, appelle à son tour la comparaison : « Nous avons raffolé d'Ossian, de Byron ; qui sait si Maglanovich n'obtiendra pas aussi chez nous quelque célébrité[25] ? » ; « Il semble que la guzla des Slaves

---

21 *Jean Sbogar*, 3e éd., Paris, Eugène Renduel, 1832, p. 7.

22 *Ibid.*, p. 34.

23 Jean-François Jeandillou, *Supercheries littéraires. La vie et l'œuvre des auteurs supposés*, Genève, Droz, 2001, p. 176.

24 Anon., « Allemagne. Poésie nationale des Serviens », *Le Globe*, 13 novembre 1824.

25 Compte rendu signé T. de « *La Guzla*, ou choix de poésies illyriques », paru dans *La France nouvelle* le 27 août 1827.

sera bientôt aussi célèbre que la harpe d'Ossian. [...] Qui sait si bientôt nous ne posséderons pas l'Ossmanide, ce poème épique des Dalmates, aussi célèbre chez eux qu'il est inconnu parmi nous, et qui n'existe encore que dans la bouche des rhapsodes et dans quelques manuscrits infiniment rares[26] ? »

Mais évidemment la référence à Ossian, doublée de celle aux *Lettres portugaises*[27], ne pouvait se comprendre précisément que dans le cadre de l'histoire des mystifications littéraires. L'un des premiers à l'avoir remarqué est Gustave Merlet :

> [L'auteur] n'offre pas même à la curiosité l'appât des préfaces car, lorsqu'il en fait, ce qui est rare, c'est moins pour éclairer le public que pour le dérouter, se jouer de ses questions, contrefaire sa voix, s'amuser de son embarras à chercher le vrai sous le faux. Il n'est pas de ceux qui s'expliquent et font les honneurs de leur esprit avec la complaisance d'un cicérone qui promène un Anglais dans un musée italien. Il a confiance dans l'intelligence du voyageur, lui laisse le plaisir de l'imprévu, et l'embarque sans carte et sans itinéraire[28].

Dès l'édition de 1827, Mérimée établissait discrètement un lien entre *La Guzla* et *Le Théâtre de Clara Gazul*, que ce soit dans une note où il faisait allusion à l'auteur du théâtre de Clara Gazul qui aurait trouvé l'inspiration de « l'amour africain[29] » dans une chanson ou par la superposition du portrait de Clara Gazul au sien propre, dans des exemplaires destinés à des *happy few*. L'image du « barde Maglanovitch » en frontispice de l'édition de 1827, en remplacement de celle d'une guzla, initialement prévue[30], faisait pendant au portrait de Clara Gazul, ce qui a conduit certains commentateurs à se demander si derrière la figure du barde

26 Anon., « Poésie. La Guzla, ou Choix des poésies illyriques recueillies dans la Dalmatie, la Bosnie, la Croatie et l'Herzégowine », *Le Globe*, 29 septembre1827.

27 *Les Lettres portugaises* réfère aux *Lettres d'une religieuse portugaise*, roman épistolaire publié anonymement en 1669.

28 « Écrivains contemporains. M. Prosper Mérimée », *Revue contemporaine*, 1er janvier 1859, p. 134.

29 « Les Pobratimi », *La Guzla, ou choix de poésies illyriques, recueillies dans la Dalmatie, la Bosnie, la Croatie et l'Herzégowine*, Paris-Strasbourg, F.G. Levrault, 1827, note 4, p. 231.

30 Lingay et Mérimée ont en effet d'abord pensé à une illustration de guzla en tête de l'ouvrage, comme l'indique la lettre de Lingay adressée à l'éditeur le 16 mars 1827, reproduite par Maurice Tourneux : « Il me semble que sur la couverture imprimée une Guzla ferait bien. J'en ai demandé le dessin exact. Pourrez-vous le faire clicher ? » Dans la lettre du 22 mars, Lingay envoie le croquis de guzla, qui ne sera pas retenu finalement. La lettre du 22 mars est seulement résumée par Maurice Tourneux ; nous ne disposons pas malheureusement du dessin de la guzla, que Tourneux suppose de la main de Mérimée.

on ne trouvait pas à nouveau l'image de Mérimée[31]. Si la signature de l'œuvre dans l'Avertissement de 1840 entraîne la disparition de la note et si l'image du barde n'a plus non plus alors d'utilité (l'édition Charpentier est de toutes les façons une édition non illustrée), Mérimée maintient la mystification en faisant croire qu'il opère une révélation et dit la « vérité » : en fait, il construit sa légende. Impossible en effet de prendre pour argent comptant son supposé voyage avec Jean-Jacques Ampère. Si Ampère et Mérimée étaient amis et s'étaient attelés à une traduction d'Ossian, rien n'indique l'existence d'un pareil projet dans leur correspondance.

Quant à ses supposées sources, Mérimée n'en signale que quelques-unes (il ne dit rien de sa dette à l'égard de Nodier) et, quand il le fait (par exemple quant à Fortis), c'est avec une certaine désinvolture : « [...] cet aveu, relève Yovanovitch, paraît si peu sincère, Mérimée affecte un air si dédaigneux à l'égard du bon abbé, que le lecteur non prévenu juge sa dette insignifiante et volontiers croirait à une "nouvelle mystification[32]" ». Quant à l'évocation de la réception et de la manière dont certains se sont laissé prendre, il n'en donne qu'un échantillon (Bowring, Gerhart, Pouchkine). On notera enfin qu'il passe sous silence aussi ce qui pourrait contribuer à grandir sa propre image, comme l'éloge des « Braves Heyduques » que publie Keightley dans *Foreign Quaterly Review* en juin 1828.

Au fond, il y a tout lieu de penser que cette publication correspond à une forme de communication publicitaire. Barbey d'Aurevilly souligne la dette de Mérimée à l'égard de Stendhal à ce sujet :

> Dans la vie littéraire (il ne peut être question ici que de celle-là), il [Stendhal] lui donna encore de ces petits procédés sans bonne foi, qu'on pourrait appeler les coquetteries de la publicité. L'auteur de *la Guzla*, qui nous apprend, dans la préface de la seconde édition de cet ouvrage, qu'il s'est amusé à mystifier le public en traduisant un livre qui n'a jamais existé, et qu'il a écrit de manière à ce que les plus savants de l'Europe y ont été pris, tout simplement pour l'avoir poudré, ici et là (Macpherson à trop bon marché !), de quelques mots illyriens,

---

(*Prosper Mérimée, comédienne espagnole et chanteur illyrien*, *L'Âge du romantisme*, 5e livraison, Paris, Monnier et Cie, 1888, p. 9.)

31 Voir en particulier Yovanovitch, *op. cit.*, p. 233-234 ; Roger Picard, « Deux mystifications de Mérimée », *Revue de la Pensée française*, octobre 1944, n° 10, p. 17 ; Maurice Tourneux, *Prosper Mérimée, comédienne espagnole et chanteur illyrien*, *op. cit.*, p. 9.

32 Yovanovitch, *op. cit.*, p. 267.

> pris au hasard dans le dictionnaire, n'est pas plus un mystificateur sérieux que Stendhal, quand il signait ses articles du plus fin acier : Cotonnet. [...] Or, ce qu'il est par lui-même, il l'est encore lorsqu'il imite, et c'est là son genre de personnalité. Son imitation n'est jamais servile. Que dis-je ? elle est armée. Il imite, mais un sécateur à la main.
> [...] M. Mérimée coupe dans les uns et dans les autres, et arrive, en faisant ainsi, à ces petites compositions qui ont la netteté et le mordant du trait, et qui entrent dans l'esprit comme un canif bien affilé entre dans la chair[33].

Les auteurs qui rappellent l'Avertissement ne se contentent pas de tracer à grands traits l'existence de la mystification, ils la détaillent à l'envi, reprennent les termes de Mérimée, quitte au besoin à inventer. Le corpus rassemble une quinzaine de textes, parus entre 1859 et 1928 le plus souvent dans des journaux (*Revue contemporaine*, 1er janvier 1859 ; *La Liberté*, 12 décembre 1870 ; *Le XIXe siècle*, 25 septembre 1876 ; *Le Siècle*, 1er avril 1908 ; *L'Éclair*, 2 avril 1908 ; *Les Annales politiques et littéraires*, 1er janvier 1911 ; *Gil Blas*, 9 mai 1913 ; *Les Potins de Paris*, 13 juin 1918 ; *L'Œuvre*, 15 mars 1927) mais également un article de dictionnaire (« Guzla », du *Grand dictionnaire universel du XIXe siècle* de Pierre Larousse), une anthologie (*Pages choisies de Mérimée* par Henri Lion[34]), un livre de mémoires (Camille Ducray, *Cendres du passé. Croquis d'histoire*, Paris, L'Édition moderne, Librairie Ambert, [1920], rééd. 1928) ou encore un ouvrage savant (Joseph Reinach, *La Serbie et le Monténégro*, Paris, Calmann-Lévy, 1876).

Ces reprises manifestent différents degrés de proximité avec le texte d'origine, de la citation pure et simple à la paraphrase, de la paraphrase à la copie, de l'inspiration au pastiche. Parfois encore le rappel de l'Avertissement s'accompagne de la publication d'une des ballades, « Barcarole », censée offrir une preuve supplémentaire de la propension à la mystification de l'écrivain[35]. Que la même ballade soit choisie pour accompagner les réécritures de l'Avertissement laisse évidemment planer le

33 Barbey d'Aurevilly, « M. Prosper Mérimée », *XIXe siècle. Les Œuvres et les Hommes*, 4e Partie, *Les Romanciers*, Paris, Amyot, 1865, p. 329-330.

34 Paris, Calmann-Lévy, éd. 1897, p. X.

35 Le choix de cette barcarole s'explique en partie par le fait que le terme « pisombo » chanté dans le refrain est présenté en note par Mérimée comme un terme sans signification, ce qui est vu comme une illustration supplémentaire de mystification. Voir par exemple ce commentaire : « Ne cherchez surtout "pisombo" dans aucun dictionnaire. C'est un mot qui n'a pas de signification, du moins l'affirme Mérimée, qui savait à quoi s'en tenir [...]. » (Camille Ducray, *Cendres du passé. Croquis d'histoire*, Paris, L'Édition moderne, Librairie

soupçon que les auteurs se copient les uns les autres. Le texte de Mérimée peut être cité directement mais le plus souvent les citations alternent avec les paragraphes ou les commentaires méta-discursifs. Les auteurs peuvent reprendre tout ou partie de l'Avertissement, mais aussi ajouter des éléments puisés ici et là, et bien connus. C'est le cas par exemple de la notice « Guzla » du *Dictionnaire universel du XIXe siècle* de Larousse :

> On sait depuis longtemps que ce recueil original est dû à la plume de M. Prosper Mérimée. Vers l'époque où il fit paraître ce volume, il avait eu occasion de lire le *Voyage en Dalmatie* de l'abbé Fortis, et cette lecture lui avait inspiré l'idée de peindre quelques-uns de ces caractères tranchés et presque sauvages dont il trouvait les types dans ce livre. Mais, comme il eût été trop long de voyager pour bien connaître la couleur locale, il préféra s'en rapporter à son intuition et inventer. Il fit alors *la Guzla*, et, sans se nommer comme auteur, prétendit avoir recueilli ces poésies de la bouche d'un chanteur [...]. Mais les gens un peu exercés s'aperçurent bientôt que Guzla était l'anagramme de Gazul, et comme on connaissait déjà l'auteur véritable du *Théâtre de Clara Gazul*, on nomma aussi M. Mérimée comme auteur de *la Guzla*. Ce recueil renferme des pièces d'une grande valeur poétique, et offre un ravissant pastiche de ce que la poésie slave a de plus hardi. II paraît que Gœthe lut *la Guzla* avec plaisir et en félicita l'auteur. Un rimeur allemand traduisit le volume, qui, dit-on, eut un grand succès en Allemagne[36].

Henri Lion, dans son introduction aux *Pages choisies* de Mérimée, en 1897, fait quant à lui alterner les citations et les résumés menés à la 3e personne du singulier :

> Il rêvait d'aller avec Ampère à Florence, Rome, Naples, Trieste, pour longer de là l'Adriatique jusqu'à Raguse. « C'était, dit-il lui-même, le plan le plus original, le plus beau, le plus neuf, sauf la question d'argent... En avisant au moyen de la résoudre l'idée nous vint d'écrire d'avance notre voyage et d'employer nos bénéfices à reconnaître si nous nous étions trompés dans nos descriptions. » Ainsi fit-il. Il apprit cinq à six mots illyriens, lut *le voyage en Dalmatie* de l'abbé Fortis, se renseigna auprès de Fresnel fils et, cherchant à imiter et imitant avec bonheur les *Chants populaires de la Grèce* que venait de publier Fauriel, il écrivit en quinze jours sa collections de ballades qu'on imprima mystérieusement à Strasbourg sous le titre de *La Guzla*. [...] La tête ne tourna pas à Mérimée par suite d'un si brillant succès. Le procédé lui parut si simple qu'il en vint à douter (c'est du moins ce qu'il dit dans l'avertissement de 1840) du mérite de la couleur locale[37].

Ambert, [1920], cité dans « Les supercheries de Mérimée », *Paris-Midi*, 25 octobre 1920.) La barcarole est citée par Monselet, par Ducray...

36 t. VIII, 1872, p. 1656.

37 Henri Lion, éd. citée, p. X.

Certaines de ces reprises sont très discrètes. C'est le cas dans l'article que publie Saint-Victor dans le journal *La Liberté*, où, après avoir rappelé les preuves du succès de cette supercherie en reprenant les exemples de l'Avertissement (les philologues allemands, Bowring, Gerhart), il conclut par ce jugement : « Depuis l'Ossian de Macpherson, jamais supercherie littéraire n'avait si drôlement réussi[38] ». C'est encore le cas dans l'article anonyme annonçant une conférence de Louis Léger où l'auteur, qui dit vouloir retracer « l'histoire de *la Guzla* », résume les propos de l'Avertissement[39]. Parfois le seul portrait de Maglanovich suffit à faire revenir le souvenir de *La Guzla.* Ainsi Félicien Pascal, auteur d'un article intitulé « Dans les Balkans[40] », ne reprend-il pas le détail de l'Avertissement mais insère-t-il à la place le portrait du barde Maglanovitch. Autrement dit, il glisse un portrait d'un personnage fictif au beau milieu d'un article tout à fait sérieux, où on ne l'attend pas !

Le plus souvent, le rappel de l'Avertissement n'est pas motivé par une argumentation serrée. Reinach rappelle le récit mériméen de l'Avertissement (Fortis, les mots de slave, le faible nombre d'exemplaires vendus, les dupes que furent Pouchkine et Gerhart) pour conclure à la faible valeur littéraire des ballades serbes, qu'il est si facile d'imiter ; il reprend ainsi, en le déplaçant, le propos de Mérimée qui se moquait de la fausse couleur locale des romantiques :

> N'est-ce point là une grave objection à opposer à la poésie étrangère et très-ancienne, en général, et à la poésie serbe, en particulier, qu'un sceptique parisien, comme Prosper Mérimée, puisse du fond de son cabinet composer des pesmas aussi poétiques que ceux des bardes mêmes de la Schoumadia ? Cette facile imitation, a-t-on dit, c'est la punition de ce qu'en matière d'art, on appelle le genre, la manière[41].

Francisque Sarcey, dans son compte rendu « Les Serbes » du livre de Reinach[42], rappelle de même l'argument et raconte à son tour l'épisode dans le détail. Il introduit le passage par ces mots :

> Ce n'est pas, entre nous, que je fasse de ce genre de littérature plus de cas qu'il ne vaut. Il faut toujours, quand on lit ces poésies populaires, et surtout

38 Paul de Saint-Victor, « Prosper Mérimée », *La Liberté*, 12 décembre 1870.

39 Anon., « La Guzla », *Le Siècle*, 1er avril 1908 (rubrique « Les Académies »).

40 *Les Annales politiques et littéraires*, 13 octobre 1912, p. 327-328.

41 *La Serbie et le Monténégro*, Paris, Calmann-Lévy, 1876, p. 273.

42 *Le XIXe siècle*, 25 septembre 1876.

celles de Serbie, avoir présente à l'esprit l'aventure que conte si joliment Prosper Mérimée.

Inversement Gustave Merlet, dans un texte de 1859, reprend l'essentiel de l'Avertissement et aboutit aux conclusions inverses : l'imitation est tout à la gloire de Mérimée. Elle prouverait son immense talent :

> Cette collection de ballades attribuée à Hyacinthe Maglanovich avait pourtant vu le jour sur les bords de la Seine, dans les bureaux d'un ministère, bien loin des provinces illyriennes, que l'auteur connaissait uniquement par une statistique émanée des affaires étrangères, et par le voyage de l'abbé Fortis. Au bout de quinze jours la supercherie put affronter l'Europe savante, et tous les juges compétents en furent dupes.
>
> Il en est qui prétendent, et M. Mérimée ne dit pas non, que ce tour de force est très simple. À les en croire, il a suffi pour réussir d'appliquer à peu près cette formule : Prêtez à vos personnages une bonne dose de férocité, habillez-les de noms barbares qui blessent suffisamment les oreilles, qu'ils boivent à flots dans leurs cornets l'eau-de-vie de prunes, que leurs colères soient homériques, qu'ils se traitent de chiens comme Achille et Agamemnon [...]. J'avoue que pour ma part je n'aurais aucune confiance dans cette recette : il y manque ce je ne sais quoi qui fait les poètes et, je le déclare bien haut, quoi qu'en dise M. Mérimée lui-même, je persiste à reconnaître sous sa prose, moi aussi, le mètre des vers morlaques [...], je crois sincèrement que l'auteur est expert en vampirisme, [...]. Aussi je décrète que M. Mérimée a bien mérité de la Dalmatie, de la Bosnie, de la Croatie, de l'Herzégovine, et généralement de tous les villages et vallons qui s'étendent de Trieste à Raguse. Il est le roi des bardes slaves, je ne voudrais pas le rencontrer au coin d'un bois et en conséquence il serait juste que sa patrie reconnaissante lui décernât une guzla d'honneur[43].

Le plus souvent, les reprises de l'Avertissement visent essentiellement à faire rire. Non seulement les auteurs font alterner citations et résumés mais ils imitent aussi le ton de Mérimée et ajoutent des commentaires de leur cru. C'est manifestement pour produire un effet comique que *Les Annales politiques et littéraires* choisissent de publier dans la rubrique « Pages oubliées » les lignes consacrées par Charles Monselet à *La Guzla*, introduites en ces termes : « L'art de la mystification est vieux comme le monde et il s'exerce parfois dans les milieux les moins suspects de fantaisie. Nous en citerons comme exemple cette supercherie littéraire contée avec humour par Charles Monselet et qui fit grand bruit au

43 « Écrivains contemporains. M. Prosper Mérimée », art. cité, p. 134 et suiv.

siècle dernier[44]. » *Les Annales politiques et littéraires* reprenaient l'article de Monselet, paru dans le journal *L'Événement* le 9 septembre 1875.

Monselet, journaliste touche-à-tout très connu sous le Second Empire, en particulier pour avoir exhumé les « dédaignés et les oubliés » du XVIIIe siècle, porte volontiers son attention sur les curiosités littéraires et produit lui-même nombre de pastiches et de parodies[45], dont *Lucrèce ou la femme sauvage* (1843) ou *Une chansonnette des rues et des bois* (1865). Il se montre sévère dans sa critique littéraire vis-à-vis de ceux qui, à l'instar d'Édouard Ourliac, cèdent à la facilité dans leurs imitations et se satisfont de grosses ficelles[46].

Dans ces conditions, il était logique qu'il s'intéressât à *La Guzla*[47]. Lui aussi reprend les éléments habituels de l'Avertissement mais il va plus loin puisqu'il y mêle ses propres commentaires, produisant ce faisant un effet comique :

> On admira beaucoup la saveur étrange de ces petits poèmes. Bien que les provinces illyriques aient été longtemps sous le gouvernement français, elles étaient alors peu connues, – et leur littérature ne l'était pas du tout.
>
> Je le crois bien !
>
> L'Herzégovine faisait sur les Parisiens l'effet de l'Huronie.
>
> *La Guzla* réussit surtout à l'étranger : elle fut traduite en allemand par le docteur Gerhart, et en russe par Pouchkine. M. Bowring, auteur d'une anthologie slave, écrivit à Mérimée une lettre de félicitation.
>
> Mérimée riait sous cape.
>
> [...]
>
> Drôle de tempérament littéraire ! On remarquera, de plus, que Gazul et Guzla, c'est le même nom retourné. Décidément, Mérimée tenait à ce mot[48].

Le procédé se retrouve sous la plume de Jean-Jacques Brousson, critique de l'entre-deux guerres, amateur de petite histoire de la littérature et

44 Monselet, « Une mystification de Mérimée », *Les Annales politiques et littéraires*, 1er janvier 1911.

45 Monselet occupe une bonne place dans l'article de Paul Aron, « Le pastiche littéraire », *Regards sociologiques*, n° 17/18, 1999, p. 85-100.

46 Monselet, « Notice sur Edouard Ourliac », *Les Garnaches*, Paris, Librairie nouvelle, 1858, p. 10 et p. 18.

47 Monselet possédait qui plus est le manuscrit du livret des *Monténégrins*, qu'il présente dans ses *Curiosités littéraires et bibliographiques*, p. 99 et suiv. Ce manuscrit de Nerval et Édouard Alboise s'inspirait de *La Guzla*. Dans l'article sur *La Guzla* qu'il fait paraître dans *L'Événement*, il rappelle dans une digression l'existence de ce livret.

48 Monselet, « Une mystification de Mérimée », *Les Annales politiques et littéraires*, 1er janvier 1911.

auteur d'un *Anatole France en pantoufles*. Lui aussi rappelle à grands traits la mystification littéraire que constitua *La Guzla* et paraphrase l'Avertissement de Mérimée, en l'accompagnant de ce commentaire :

> Son pastiche trompa tout le monde, non seulement les Français, qui apprécièrent fort le parfum sauvage de ces fleurettes barbares, mais encore les bons philologues allemands. Armés de bésicles et de loupes, ils découvrirent sous la pseudo-traduction française les plus savants mètres bosniaques. Bref l'heureux mystificateur gagna une somme rondelette, qui lui permit de boucler sa valise et d'aller comparer sur les lieux mêmes, la réelle poésie monténégrine avec celle qu'il avait fabriquée dans une gouttière de la rue Saint-Jacques[49].

La donnée même de l'Avertissement est modifiée, signe que les auteurs n'ont guère la préoccupation de revenir à l'original. Un dernier exemple de ce type se rencontre sous la plume de Camille Ducray, qui consacre tout un chapitre à Mérimée dans son livre de souvenirs intitulé *Cendres du Passé. Croquis d'histoire*. Lui aussi rapporte de très loin les données de l'Avertissement – de si loin qu'on peut se demander s'il ne s'est pas contenté de résumés journalistiques – qu'il n'hésite pas à transformer en leur ajoutant ses propres commentaires :

> Il forma donc avec quelques jeunes camarades le projet d'un grand voyage. C'était splendide. On traverserait l'Italie par Florence, Rome et Naples, on irait s'embarquer à Venise et, mollement bercés par les flots bleus de l'Adriatique, on poursuivrait la route en contournant l'Istrie, en côtoyant la Dalmatie. Ainsi, poussés par les vents propices, aborderait-on à Raguse. Quelles riches moissons, à récolter chez les Croates, les Slovènes, les Dalmates et les Herzégoviniens ! Il y aurait là, sans conteste, toute une luxuriante littérature, toute une subtile poésie à faire connaître aux contemporains ébahis. Vraiment, ce serait grand dommage de se priver de tant d'attraits !

L'Avertissement fut également l'objet d'exploitations inattendues, qui orientent la mystification vers la blague et la récupération idéologique... Car, si vous l'ignoriez, sachez que *La Guzla* est supposée paraître un premier avril ! Ce qui intéresse les journalistes est précisément le fait que cette mystification soit l'œuvre d'un Académicien, ainsi que le montre le compte rendu de la conférence de Léger publié dans le journal *L'Éclair* le 2 avril 1908 :

---

49 « Chronique de Paris », *Gil Blas*, 9 mai 1913.

> UN POISSON D'AVRIL
> À L'INSTITUT
> M. Léger parle de « La Guzla »
> Comment Mérimée, déguisé en poète illyrien ou en femme espagnole, mystifiait ses contemporains
>
> De toute évidence, c'est la date du 1er avril qui a donné à M. Léger l'idée d'entretenir l'Institut de la mystification de Prosper Mérimée. Le distingué historien a fait hier aux Inscriptions et belles-lettres, une lecture sur *La Guzla* qui fut, on le sait, le plus extraordinaire poisson d'avril qu'on n'ait jamais tendu à la crédulité des lettrés.

Cette association de *La Guzla* et du 1er avril se rencontre aussi dans les lignes introductives de l'article des *Annales politiques et littéraires* déjà cité : « Le jour du 1er avril est cher aux mystificateurs. L'art de la mystification est vieux comme le monde et il s'exerce parfois dans les milieux les moins suspects de fantaisie[50]. » Enfin, elle surgit encore dans un article intitulé « Le Centenaire de *La Guzla* » et signé L. DX[51] :

> Après avoir parlé de P. Mérimée à propos du domaine public, où son œuvre vient d'entrer, ne conviendrait-il pas de commémorer, le 1er avril prochain, le centenaire de la célèbre et érudite mystification qu'il présenta aux Inscriptions et Belles-Lettres avec son volume intitulé *La Guzla, ou choix de poésies illyriques, recueillies dans la Dalmatie, la Bosnie, la Croatie et l'Herzégovine?*
>
> L'histoire se passait en 1827 et, par une coïncidence qui convenait à cette mystification, un 1er avril... [...] Après avoir fait déposer cette supercherie sur le bureau de L'Institut, Prosper Mérimée attendit avec curiosité l'opinion des critiques.
>
> Dans l'ensemble, ceux-ci discutèrent avec un grand sérieux le petit livre. En Allemagne, des folkloristes commentèrent chacune des pièces avec une rigueur scientifique.
>
> Jusqu'au jour où Gœthe lui-même s'avisa de retrouver dans le mot Guzla le nom de Gazul auquel il s'était laissé prendre quelques années plus tôt, quand Mérimée avait publié, en le donnant comme une traduction de l'espagnol, *Le Théâtre de Clara Gazul* !
>
> La plaisanterie obtint le succès qu'elle méritait. Mais Mérimée qui aimait fort à mystifier ses contemporains eût souhaité la voir durer plus longtemps.
> – L. DX

On ne s'étonnera pas dans ces conditions de voir l'Avertissement utilisé dans un contexte politique. C'est ainsi que le 13 juin 1918, en pleine

50 Art. cité.

51 *L'Œuvre*, 15 mars 1927.

Première Guerre mondiale, son souvenir est rappelé pour entretenir un sentiment anti-allemand :

> Le pastiche est un genre dont la finesse échappe aux Boches. Les plus célèbres, avant ceux de Muller et Reboux, furent écrits par Mérimée. *La Guzla* était, on le sait, un volume de chants populaires illyriens, présenté comme recueillis de la bouche d'un rapsode morlaque, dans les montagnes de Dalmatie.
>
> Eh bien, les philologues allemands marchèrent. M. Bowing [*sic*], auteur d'une anthologie slave, réclama les vers originaux « si bien traduits ». Le savant Gerhart envoya à Mérimée deux gros volumes de poésies slaves, traduites en allemand, avec *la Guzla*, traduite en vers allemands, « ce qui avait été facile à faire, car, sous votre prose j'ai découvert le mètre des vers Illyriques[52] ».

Les journalistes puisent donc abondamment dans l'Avertissement pour en extraire ce qui sert leurs démonstrations et s'accorde avec la ligne éditoriale du journal. Ces réécritures font sentir la saveur de l'Avertissement, sur lequel on passe sans doute un peu trop vite aujourd'hui ; elles entretiennent – et figent – le souvenir de la mystification pendant près d'un siècle et se contentent souvent du résumé et de la paraphrase, faisant de l'histoire de *La Guzla* une simple curiosité littéraire.

« LE MAUVAIS ŒIL » D'ÉMILE VILLEMOT

Outre l'Avertissement, les ballades de *La Guzla* font, elles aussi, l'objet de réécritures. On distingue trois cas de figures : celui des livrets musicaux ou « airs à faire » qui s'inspirent des ballades illyriques (comme la barcarole de Boulay-Paty parue en 1830 ou le livret des *Monténégrins* écrit par Nerval et Édouard Alboise en 1849), celui des plagiats purs et simples (comme les *Contes de la Bosnie* de Mathilde Colonna[53], considéré comme un authentique recueil de ballades et exposé en vitrine du pavillon de Bosnie-Herzégovine au moment de l'Exposition universelle de Paris de 1900), enfin celui des textes qui, dans le prolongement des réécritures de l'Avertissement, exploitent la

52 « À la manière de… », *Les Potins de Paris*, 13 juin 1918, p. 3.

53 Paris, Per Lamm, 1898. Sur cet ouvrage, voir le chapitre « Un plagiat » dans l'étude de Yovanovitch, *op. cit.*, p. 439 et suiv.

dimension mystificatrice et parodique de l'œuvre de Mérimée, comme la nouvelle d'Émile Villemot, « Le Mauvais Œil[54] ». C'est ce cas que j'examinerai pour terminer ce parcours.

Émile Villemot (1846-1883) est un journaliste qui collabore entre autres au *Gaulois*, à *L'Événement*, au *Gil Blas*, dont il était rédacteur en chef, et au *Journal illustré* (où il travaillait avec Monselet). Connu pour son goût du comique, il s'était fait une spécialité des articles humoristiques, tels que *Les Femmes comme il en faut* (1882) et *Ne vous mariez pas* (1883).

Villemot se livre par ailleurs volontiers, comme Monselet, au pastiche. Il fait ainsi paraître un pastiche du style de Brantôme, *Le Petit Brantôme de poche*[55] (1883), sous le pseudonyme de Messire Bourdeau de Bourdeille, qui lui vaut d'être comparé par Armand Sylvestre au Balzac des *Contes drolatiques*[56]. Le journaliste-écrivain semble avoir été marqué par l'œuvre de Mérimée ; dans son recueil *Les Volontaires de l'amour* (1881), il écrit en effet une nouvelle intitulée *Le Vase monégasque*, présentée explicitement comme un pastiche du *Vase étrusque* :

> Puis, songeant à part moi que Mérimée a composé autrefois une histoire émouvante intitulée le *Vase étrusque*, j'ai eu la pensée présomptueuse de donner un pendant comique à cette maîtresse page, et j'ai écrit à ton intention, ô joyeux lecteur, le *Vase monégasque*.

Dans sa nouvelle « Le Mauvais Œil », l'auteur combine de manière amusante trois œuvres de Mérimée, *La Guzla*, *Lokis* et *Djoûmane*. Le récit évoque l'aventure du comte Frédéric de Campoffen, jeune savant viennois à la « tournure d'esprit essentiellement positive », reçu parmi les membres illustres de la Société géographique de Vienne en 1867 et qui se rend en Moldavie pour y poursuivre ses travaux de recherches. Invité par un autre savant, M. Sundovich, il rencontre au domicile de ce dernier sa fille adoptive, mademoiselle Ivanouna, dont il s'éprend, mais aussi d'autres convives dont un jeune Valaque nommé Georges Szeklers, également amoureux de la jeune fille, et un médecin, le docteur Piller, fréquemment appelé au chevet de supposées victimes de vampires. Ivanouna est soupçonnée d'être frappée par le mauvais œil et Szeklers

54 Nouvelle parue dans le *Bulletin de la Société des gens de lettres* le 1er janvier 1877, puis reprise dans le journal *Riom-journal*, les 5 et 6 août 1877.

55 Paris, Paul Ollendorff, 1883.

56 *Le Temps*, 2 mars 1883.

défend l'existence des vampires contre l'avis du savant viennois. Les deux rivaux se battent dans un duel au pistolet au cours duquel le comte est blessé ; de retour à Vienne, il apprend par un courrier du docteur Piller que Georges est mort brutalement, probablement des suites de la morsure d'un vampire.

Non seulement Émile Villemot reprend intégralement, dans sa nouvelle, deux passages de *La Guzla* (le récit de la jeune fille tourmentée par un vampire et un extrait de la notice sur le « Mauvais Œil ») mais il indique aussi ses sources en commentant *La Guzla* et en leur faisant indirectement jouer un rôle dans le récit. Parmi les livres rangés sur une étagère de la bibliothèque de M. Sundovich se trouve en effet le livre de Mérimée, dans sa traduction en allemand par Gerhart :

> Il remit l'ouvrage en place et voulut essayer d'un livre moins grave. Il prit un volume de poésies slaves traduites en allemand par Gerhart, et suivies de *la Guzla*, traduite également de Prosper Mérimée. Gerhart avait mis en vers l'œuvre de l'écrivain français, laquelle n'est qu'une supercherie littéraire des plus fortes, et « cela lui avait été facile, dit le candide traducteur, car sous la prose de Mérimée on découvre très bien le mètre des vers illyriques[57] ».

Le comte applique la description qui est faite du mauvais œil et des moyens de s'en délivrer à la situation qu'il est en train de vivre en Moldavie, ce qui crée évidemment un contrepoint comique :

> En trouvant cette perle allemande, à la première page du livre, le comte éprouva une violente envie de rire. Il crut en avoir fini avec les idées noires, lorsqu'en parcourant le volume, il tomba sur ce passage : « … J'ai entendu aussi parler de gens qui avaient deux prunelles dans un œil, et c'étaient les plus redoutables… Il y a différents moyens, presque tous insuffisants, de se préserver du mauvais œil. Les uns portent sur eux des cornes d'animaux, les autres des morceaux de corail, qu'ils dirigent contre toute personne suspecte de mauvais œil. On dit aussi qu'au moment où l'on s'aperçoit que le mauvais œil vous regarde, il faut toucher du fer ou bien jeter du café à la tête de celui qui vous fascine… […] Quelquefois un coup de pistolet tiré en l'air brise le charme fatal. Souvent des Morlaques ont pris un moyen plus sûr, c'est de diriger leur pistolet contre l'enchanteur prétendu[58]. »

Le comte s'indigne du procédé proposé par Mérimée : « Tirer un coup de pistolet contre une aussi charmante personne, ce serait une abomination

---

57 « Le Mauvais Œil », *Bulletin de la Société des Gens de lettres*, 1er janvier 1877.

58 *Ibid.*

sans pareille. Je ne puis pourtant pas non plus, moi correspondant de l'Académie des sciences, porter sur moi la corne d'un animal en guise de relique, comme un Valaque ignorant !... » ; le narrateur ajoute :

> Le comte cherchait ainsi à donner à ses pensées une allure ironique ; mais il avait beau fouetter son esprit, c'était toujours l'imagination qui prenait les devants et qui courait bride abattue, en dépit des plus beaux raisonnements, vers l'image enchanteresse entrevue la veille. La fausseté bien reconnue des légendes de la *Guzla* l'irritait, au lieu de le calmer ; en un autre moment le scepticisme de l'auteur l'aurait diverti, mais dans la disposition d'esprit où il se trouvait, ce persifflage l'énervait et lui inspirait un secret dépit. Il trouvait Mérimée bien impertinent d'avoir osé se moquer de ce qu'il ne connaissait certainement pas ; il se révoltait contre cette race des railleurs incorrigibles qui ne respectent rien[59].

La combinaison du souvenir de *La Guzla* et de *Lokis* témoigne de la cohérence de l'œuvre mériméenne et de la continuité entre les deux œuvres. En citant l'œuvre de Mérimée, Villemot lui rend en fait un hommage paradoxal. On aura remarqué combien sa nouvelle doit aussi aux reprises de l'Avertissement, dont elle constitue un prolongement.

L'examen de cette bluette confirme la pertinence de la distinction établie par Paul Aron dans son article « Le pastiche littéraire » : d'un côté les pastiches d'ensemble, dont les originaux ne sont reconnaissables que par les érudits (« pour le milieu parisien, la supercherie était toute de complicité. [...] Il est impossible de distinguer ici ce qui tient de l'esprit de sérieux et de l'esprit de mystification, et c'est bien dans cette hybridité que l'on peut lire un genre qui annonce, de loin, Lautréamont[60] ») et dont *La Guzla* constitue un bel exemple, de l'autre les pastiches résultant d'un apprentissage scolaire en vigueur du XIXe siècle jusqu'au milieu du XXe siècle, dont la nouvelle de Villemot, « Le Mauvais Œil », offre l'illustration.

Qu'elles portent sur l'Avertissement ou sur l'œuvre elle-même (comme dans le cas de la nouvelle de Villemot), ces paraphrases et réécritures ont pour principal mérite de perpétuer le souvenir de *La Guzla* dans l'histoire littéraire. Le fait que *La Guzla* soit considérée essentiellement comme une supercherie littéraire, et qui plus est une supercherie

59 *Ibid.*

60 Art. cité, p. 95.

portant sur des ballades populaires serbes, dans lesquelles les notions de paternité d'œuvre sont élastiques, autorise en quelque sorte ces reprises. Dans tous les cas, *La Guzla* apparaît bien gagnante : la confrontation entre le texte original et les textes qu'il a inspirés montre que pastiche et création peuvent faire heureusement bon ménage.

Anne GEISLER-SZMULEWICZ
Université d'Évry-Paris-Saclay / CERILAC

SOUS LE SIGNE D'ÉROS

Pour déchiffrer la pensée esthétique de Mérimée

« Je suis particulièrement impropre à la critique littéraire. Je ne sais que dire bien ou mal, mais la question quo modo m'embarrasse », écrit Mérimée à Sainte-Beuve[1], commentant un article dans lequel il précise pourtant certains critères de ses jugements sur la littérature[2]. S'il est vrai que Mérimée, hostile à toute doctrine littéraire, n'a jamais pensé proposer de système ou de théories critiques, une réflexion esthétique soutenue ne s'en laisse pas moins dégager de ses préfaces, études, nécrologies, recensions ou discours académiques, ainsi que de sa correspondance, parsemée de remarques sur ses propres œuvres et celles de ses confrères.

Ses écrits sur la littérature sont peu nombreux, vingt-huit seulement au cours d'une carrière de près d'un demi-siècle[3]. Certains d'entre eux ont été recueillis par lui-même dans *Mélanges historiques et littéraires* édités en 1855 chez Michel Lévy frères, d'autres dans le volume posthume *Portraits historiques et littéraires*, publié en 1874 par le même éditeur[4]. C'est en reprenant le titre de ce dernier volume que Pierre Jourda fit paraître en 1928 l'édition critique d'un choix de textes chez Honoré Champion. Enfin, un nouveau recueil en édition critique paraîtra prochainement sous le titre *Écrits sur la littérature*, également chez Champion[5].

1 15 juin [1855], *Correspondance générale* [*C. G.* par la suite], établie et annotée par Maurice Parturier, avec la collaboration, pour les tomes I à VI, de Pierre Josserand et de Jean Mallion, t. I-VI, Paris, Le Divan, 1941-1947, t. VII-XVII, Toulouse, Privat, 1953-1964, t. VII, p. 490-491.

2 « *Poésies et Nouvelles* par Mme d'Arbouville », *Le Moniteur universel*, 26 juin 1855.

3 Voir la liste chronologique dans l'annexe de cet article.

4 Le contrat a été signé avec Édouard Du Sommerard, exécuteur testamentaire de Mérimée, mais on ignore qui a procuré l'édition. Les textes sont souvent fautifs. Voir « Documents du dossier "Mérimée" des Éditions Calmann-Lévy », publié par Antonia Fonyi, *Cahiers Mérimée*, n° 8 (2016), p. 194.

5 T. V de la section *Littérature* des *Œuvres complètes*, sous la coordination d'Antonia Fonyi, éd. Jean Canavaggio, Peter Cogman, Barbara Dimopoulou, Valérie Fasseur, Antonia Fonyi, Simona Gîrleanu, Daniel Madelénat, Christine Pouzoulet, Roselyne de Villeneuve.

Considérés comme produits marginaux, ces écrits ont suscité peu d'intérêt de la part des critiques. Un seul ouvrage a été consacré à l'esthétique littéraire de Mérimée, *The Poetics of Prosper Mérimée* par Robert Charles Dale[6]. Dès son introduction, l'auteur déclare :

> [...] Mérimée appliquait le seul critère de la nouvelle à toutes les œuvres qu'il lisait : poésie, biographie, romans, nouvelles ; si elles correspondaient à sa propre théorie, il les acceptait, sinon il les rejetait[7].

Autrement dit, la critique de Mérimée procèderait de sa pratique de la nouvelle : c'est la thèse de R. C. Dale. De mon côté, je propose de déplacer les perspectives en cherchant en amont les prédispositions qui pourraient déterminer chez Mérimée des choix qui, à leur tour, détermineraient aussi bien sa prédilection pour le genre de la nouvelle que ses jugements critiques.

Pour rendre plus aisée la lecture des pages qui suivront, constituées souvent d'assemblages de citations, je formule l'hypothèse de travail qui les sous-tend : l'esthétique de Mérimée est fondée sur l'exigence d'unité. Je propose de retracer le travail de cette exigence dans deux domaines où il est très clairement lisible : celui de l'esthétique du peu[8], une esthétique performative, pour reprendre l'expression de R. C. Dale, dont l'objet est l'unité à construire, et celui de la conception de la poésie, exprimée en propos dispersés dont l'ensemble constitue un discours sur l'unité perdue.

Je ne tiendrai pas compte de la chronologie des écrits parce que le fond de la pensée esthétique de Mérimée n'évolue guère, seule l'expression change. Même si, dans l'« Avertissement » de 1840 de *La Guzla*, il tient des propos ironiques sur les valeurs esthétiques qu'il avait respectées

---

6 The Hague, Paris, Mouton & CO., 1966. L'auteur puise largement dans la correspondance, mais ne tient pas compte des écrits d'occasion, tels que les comptes rendus des *Contes et Poèmes de la Grèce moderne* de Marino Vreto, des *Ballades et Chants populaires de la Roumanie* de Vasile Alecsandri, ou la nécrologie de Mme d'Arbouville, etc., écrits qui n'ont été recueillis ni par Mérimée, ni par les éditeurs des deux *Portraits historiques et littéraires*, mais où les réflexions sur la littérature abondent.

7 Dale, *op. cit.*, p. 16. Notre traduction. *[...] Mérimée applied the single criterion of the short story to all the works he read : poetry, biography, novels, short stories ; if they happened to correspond to his own theory he accepted them, if not, he rejected them.*

8 Je me permets de renvoyer à Antonia Fonyi, « La nouvelle selon Mérimée », dans Mérimée, *Tamango, Mateo Falcone et autres nouvelles*, Paris, Flammarion, « GF », nº 392, 1983, p. 5-38, où j'ai introduit l'expression et la conception de « l'esthétique de la paucité », et à l'« Avant-propos » de *Prosper Mérimée. Écrivain, archéologue, historien*, Genève, Droz, 1999, p. VII-XIII.

en 1827, le rapport du critique à la poésie populaire exprimé dans les années 1850 est en accord avec celui du poète de *La Guzla*.

« L'ART DE CHOISIR » OU L'ESTHÉTIQUE DU PEU

La préférence pour le peu est la voie royale pour atteindre l'unité. Exprimée le plus souvent comme rejet du trop, elle est un lieu commun des études mériméennes. Si je propose pourtant de la réexaminer, c'est dans la visée de dépasser les limites de sa conception quantitative.

Le trop, selon Mérimée, se manifeste en premier lieu par l'accumulation des détails. Le « péché national » des écrivains russes est « l'excès de précision dans les détails[9] ». Tout comme Gogol, Tourguéniev

> excelle dans les petits détails, [...] s'arrête à tous les accessoires. S'il est question d'une chaumière, il en compte les bancs et ne fait pas grâce du moindre ustensile. Il décrit les habits de ses personnages et n'en oubliera pas un bouton [...][10].

Même reproche aux auteurs d'ouvrages savants qui accumulent trop d'informations :

> Auteurs originaux, commentateurs, critiques, M. Ticknor a tout lu : je crains qu'il n'ait trop lu. À force de vouloir tout savoir, et dans la crainte de faire quelque oubli, il risque de fatiguer l'attention de son lecteur en lui présentant des sujets assez peu dignes d'occuper son attention[11].
>
> [Oustrialov], qui est une bête, a lu tous les documents relatifs à son héros. Il les donne tout entiers [...]. [...] Il nous copie très consciencieusement les carnets de Pierre le Grand, ses lettres d'amour, de guerre et même de ribotte. (Il y en a beaucoup[12].)

---

9 Lettre à Tourguéniev, 8 février 1866, *C. G.*, t. XIII, p. 30.

10 « La littérature et le servage en Russie. *Mémoires d'un chasseur russe* par M. Ivan Tourghenef », *Études et traductions de littérature russe*, textes établis et présentés par Jean-Louis Backès, annotés par Jean-Louis Backès et Antonia Fonyi, avec la collaboration de Michel Cadot, coord. Antonia Fonyi, t. VI de la section *Littérature* des *Œuvres complètes*, Paris, Honoré Champion, 2016, p. 177.

11 « De la littérature espagnole », *Mélanges historiques et littéraires*, Paris, Michel Lévy frères, 1855, p. 242.

12 Lettre à Mme G. Delessert, 24 novembre 1866, *C. G.*, t. XIII, p. 301.

Dans la littérature, l'accumulation des détails est un défaut grave parce qu'elle compromet l'unité de l'action et, partant, de l'œuvre. Gogol, « tout absorbé par [l']étude minutieuse des détails, [...] néglige un peu trop de les rattacher à une action suivie » ; autrement dit, il ne se préoccupe pas de « la *composition générale*[13] ». Tourguéniev « se complaît trop dans les descriptions », laissant « s'alanguir une action intéressante[14] », il dépeint « une foule de petites minuties [...] aux dépens de l'effet général[15] ». Dans les ouvrages savants, le même défaut va au détriment de l'élaboration d'un sens à partir des informations présentées : Oustrialov « s'abstient prudemment de toute réflexion[16] », George Ticknor « s'est piqué [...] de n'omettre aucun fait, aucun personnage », mais « il ne faut pas chercher dans son livre d'aperçu d'ensemble[17] ».

Bien entendu, Mérimée ne proscrit pas le détail. Dans sa recette du bon conte fantastique, c'est un ingrédient de base : « lorsqu'on raconte quelque chose de surnaturel, on ne saurait trop multiplier les détails de la réalité matérielle[18] ». Mieux, il n'y a pas d'action suivie sans détails. Mme d'Arbouville a tort de considérer « [les] détails qu'exige l'enchaînement d'un récit prolongé [comme] un remplissage oiseux[19] ». Les nouvelles que la princesse Julie Bonaparte lui envoie pour avis ont le « défaut grave et rare » de manquer de détails : « donnez-moi des détails, beaucoup de détails, on n'en saurait trop donner[20] ». La dernière proposition est une exagération pédagogique, on l'aura compris.

Mais s'il est indispensable, le détail, le « précieux du faire », doit être « réservé aux parties capitales d'une composition[21] ». C'est le détail ainsi employé que R. C. Dale appelle « *the significant detail* », le détail significatif[22], et qu'il définit, reprenant des termes employés par Mérimée, comme

13 « Nicolas Gogol. Nouvelles Russes. – Mèrtvyia Doûchi (Les Âmes mortes). – Revizor (L'inspecteur général) », *Études et traductions de littérature russe*, *op. cit.*, p. 118. C'est moi qui souligne, A. F.

14 « Ivan Tourguénef », *Études et traductions de littérature russe*, *op. cit.*, p. 208. C'est moi qui souligne, A. F.

15 Lettre à Tourguéniev, 2 juin 1865, *C. G.*, t. XII, p. 452.

16 Lettre à Mme G. Delessert, 24 novembre 1866, *C. G.*, t. XIII, p. 301.

17 « De la littérature espagnole », *Mélanges historiques et littéraires*, *op. cit.*, p. 262.

18 Lettre à Édouard Delessert, 1er février 1848, *C. G.*, t. V, p. 238.

19 « *Poésies et Nouvelles* par Mme d'Arbouville », art. cité.

20 Lettre à la princesse Julie, [mars-avril 1864 ?], *C. G.*, t. XII, p. 92 et 93.

21 « Nicolas Gogol », art. cité, p. 119.

22 L'idée vient de loin. Gustave Planche : « [...] pour laisser dans l'esprit du lecteur une trace durable et profonde, il ne s'agit pas de multiplier les détails, mais de choisir, – de frapper

« caractéristique » – dans le sens de particulier à l'objet représenté –, « exact », « simple » et mis en « relief[23] ». L'importance privilégiée que Mérimée accorde à un tel usage du détail est fondatrice de l'originalité de sa création, affirme Dale, appuyant son propos sur ce passage :

> Remarquons [...] que la ressemblance, que la vie dans un portrait tient souvent à un détail. Je me souviens d'avoir entendu professer cette théorie à sir Thomas Lawrence, assurément un des plus grands peintres de portraits de ce siècle. Il disait : « Choisissez un trait dans la figure de votre modèle ; copiez-le fidèlement, servilement même ; vous pouvez ensuite embellir tous les autres. Vous aurez fait un portrait ressemblant, et le modèle sera satisfait[24]. »

Choisir un trait, un détail, en écartant tous les autres, le mettre en lumière en laissant dans l'ombre tous les autres, c'est le principe fondamental de l'esthétique du peu.

> [Byron] n'a jamais daigné faire un choix entre les idées qui se présentaient en foule à son imagination. Bien qu'il les exprime toujours sous la forme la plus resserrée, il n'en écarte aucune, et souvent les jette pêle-mêle, à mesure qu'elles s'offrent à lui, en sorte que sa pensée [...] s'affaiblit [...][25].

Même défaut chez Rabelais, qui est pourtant la grande admiration de Mérimée ; « il n'a pas une ligne qui n'offre un sujet de méditation à qui veut écrire notre langue[26] », mais « on ne peut lire [de lui] vingt pages de suite » :

> De même que les yeux se fatiguent à observer des animalcules au microscope, l'esprit se fatigue à la lecture de ces pages brillantes, où pas un mot n'est à retrancher peut-être, mais que peut-être aussi on pourrait supprimer tout

---

fort, mais de frapper juste. » (« Écrivains modernes de la France. Prosper Mérimée », *Revue des Deux Mondes*, 15 septembre 1854, p. 1211.) Taine : « Tous les détails portent et sont chargés de sens ; c'est le propre des grands peintres de dessiner en cinq ou six coups de crayon une figure qu'on n'oublie plus. » (« Prosper Mérimée », dans Mérimée, *Lettres à une inconnue*, Paris, Michel Lévy frères, 1874, t. I, p. XXVI.) Jules Lemaître : « Le choix des détails significatifs [est] admirable ». (Préface à Mérimée, *Nouvelles*, Paris, Jouaust, Librairie des Bibliophiles, 1886, p. V.) Émile Faguet : « Il a l'imagination qui sait choisir. Il en faut [...] pour éliminer la multitude des détails secondaires », pour « trouver le trait [...] qui sera le *signe* éclatant et pittoresque de tout un ensemble d'idées ». (« Prosper Mérimée », *Dix-neuvième siècle. Études littéraires*, Paris, Boivin, [1887], p. 243.)

23 Dale, *op. cit.*, p. 47.

24 « Ivan Tourguénef », art. cité, p. 200. Dale, *op. cit.*, p. 48.

25 « Alexandre Pouchkine », *Études et traductions de littérature russe*, *op. cit.*, p. 79.

26 « Discours de réception de Prosper Mérimée », https://www.academie-francaise.fr/discours-de-reception-de-prosper-merimee, consulté le 10 janvier 2022.

> entières de l'ouvrage dont elles font partie sans lui faire perdre sensiblement de son mérite. L'art de choisir parmi les innombrables traits que nous offre la nature est, après tout, bien plus difficile que celui de les observer avec attention et de les rendre avec exactitude[27].

L'art de choisir était le fort des Grecs : ils avaient du *goût*, « cette disposition qui vous fait choisir entre deux expressions, la meilleure, qui, entre deux pensées, prend la plus profonde[28] ». Pouchkine, capable de « sacrifier les détails inutiles » au profit des « grands traits[29] », avait ce goût. Byron, qui en manquait, malgré la concision de son style, « a été un bavard diffus dans ses pensées[30] ».

> [Chacun des vers de Pouchkine] est le fruit d'une réflexion approfondie. Comme l'archer Pandarus d'Homère, il cherche longtemps dans son carquois une flèche droite et acérée, mais cette flèche ne manquera pas le but. [...] Byron perd une partie de sa force en la prodiguant au hasard ; Pouchkine sait la réserver pour des coups décisifs[31].

Le même critère s'applique à l'écriture savante : dans ses « enquestes », Froissart a « [l'art admirable] de saisir, avec un tact sûr, au milieu des récits qu'il écoute de toutes parts, ces détails frappants de naturel, qui ne s'inventent point[32] ».

Art de choisir, art du peu. Mieux, art de l'*un* : « Choisissez *un* trait dans la figure de votre modèle », et composez le tableau autour de cet *un*. L'esthétique du peu fonde un projet d'unité garantie par des compositions centrées.

Bien évidemment une telle esthétique est étrangère aux ambitions environnantes. Pire, elle va à l'encontre de la tendance dominante du siècle qui, qu'elle relève du romantisme ou du réalisme, veut le *beaucoup*. Sainte-Beuve, toujours élogieux dans ses articles sur Mérimée qu'il tient en grande estime, consigne pourtant cette note dans ses cahiers intimes, au sujet de *Carmen* :

---

27 « Nicolas Gogol », art. cité, p. 118-119.

28 Lettre à Tourguéniev, 18 janvier 1861, *C. G.*, t. X, p. 184.

29 « Alexandre Pouchkine », art. cité, p. 83.

30 *Ibid.*

31 « Alexandre Pouchkine », art. cité, p. 79.

32 [Discours tenu à l'inauguration de la statue de Froissart à Valenciennes], *Mémoires de l'Institut impérial de France*, Académie des Inscriptions et Belles-Lettres, t. 20, Paris, Imprimerie impériale, 1861, première partie, p. 268.

> C'est bien, mais sec, dur, sans développement [...]. Quand Mérimée atteint son effet, c'est par un coup si brusque, si court, que cela a l'air toujours d'une attrape. C'est comme cette garde navarraise et ce fameux coup de couteau par lequel son bandit tue le borgne. On reçoit cela... Vlan ! On n'a pas le temps de voir si c'est beau. Le style de Mérimée a un truc qui n'est qu'à lui ; mais ce n'est pas du grand art, ni du vrai naturel. Le vrai naturel est autrement large et libre que cela[33].

Sec, brusque, court : peu. À l'opposé, la largeur, la liberté – absence de limitation –, le développement : le beaucoup, ou, aux yeux de Mérimée, le trop. Allant de pair avec un effet quantitatif, les qualités réclamées par Sainte-Beuve résultent principalement de trois procédés si largement répandus dans la littérature de l'époque qu'ils en deviennent des caractéristiques essentielles : la description, l'analyse et, le plus souvent chez les romantiques, le discours du moi – celui de l'auteur ou d'un personnage – l'intervention manifeste d'une subjectivité. Mérimée est hostile à tous les trois.

Renan, écrit-il, a « la monomanie du paysage. Au lieu de conter son affaire [dans *Saint-Paul*], il décrit les bois et les prés[34]. » Dans *L'Éducation sentimentale* aussi, il y a « trop de paysages » : « Un homme d'un talent si vrai et si original ne devrait pas prodiguer ces sortes de descriptions qui coupent souvent à la satisfaction du lecteur[35]. » Satisfaction que doit procurer une cadence soutenue dans la progression du récit, condition de l'unité de l'action. Non que Mérimée exclue la description et le paysage. Mais, pour en user à bon escient, il faut être Pouchkine : dans *Les Bohémiens*, « cinq ou six vers lui suffisent pour nous représenter le campement d'une bande de ces nomades [...]. Chaque mot de cette description si courte éveille une idée et laisse un souvenir ineffaçable[36]. » Ou il faut être Mérimée ; rappelons le maquis de *Mateo Falcone*, la forêt de *Lokis*, la gorge solitaire des montagnes de *Carmen* : un seul paysage par nouvelle, décrit au début et qui sera le théâtre de l'heure suprême ; des descriptions significatives, à l'instar du détail significatif.

Autre procédé d'écriture essentiel de la littérature contemporaine, l'analyse est également étrangère à Mérimée, à tel point que le mot lui-même se rencontre rarement sous sa plume, si l'on excepte son

33 Sainte-Beuve, *Mes poisons*, Paris, Plon, s. d., p. 98-99.

34 Lettre à Jenny Dacquin, 29 juin 1869, *C. G.*, t. XIV, p. 530.

35 Lettre à Michel Lévy, *C. G.*, t. XIV, p. 663, 23 novembre 1869.

36 « Littérature et servage en Russie », art. cité, p. 177.

utilisation dans le sens de « compte rendu » : « Le livre dont je viens de faire une analyse rapide », etc. Dans les autres cas, le terme désigne une opération mentale allant de pair avec l'observation, préalable à l'écriture, et portant sur des thèmes psychologiques, passions, sentiments, motifs d'une action. De plus, le terme s'associe aisément chez Mérimée à un jugement négatif. Dans la poésie provençale, la complaisance pour « l'analyse quintessenciée des sentimens les plus tendres » engendre un langage de « mauvais goût[37] » ; on sait que le bon goût chez Mérimée signifie choix et unité. Même discordance entre analyse et unité de composition dans les *Récits de guerre* de Tolstoï :

> J'ai aussi remarqué de curieuses analyses de courage et de poltronnerie, les motifs de l'un et de l'autre et les alternatives des deux sentiments. Tous cela me paraît démontrer un observateur très exact et très judicieux, mais qui ne sait pas composer un tableau bien qu'il sache peindre à merveille[38].

Tout comme la description, l'analyse compromet l'unité de l'œuvre, et il arrive à Mérimée de la désavouer explicitement. Saint-Clair, rentré de chez sa maîtresse après une nuit heureuse, se jette sur son canapé et rêve tout éveillé, occasion pour tout auteur de roman d'analyser les sentiments de son héros. Mérimée refuse d'en profiter : comme « [un] amant heureux est presque aussi ennuyeux qu'un amant malheureux », déclare-t-il, « je [...] ferai grâce [à mes lecteurs] des pensées d'amour de Saint-Clair[39] ».

Dans l'œuvre savante, bien sûr, la description et l'analyse sont des instruments indispensables pour l'archéologue comme pour l'historien. L'inspecteur des monuments décrit aussi bien l'architecture d'une cathédrale que les ornements des fenêtres, il analyse les murailles en distinguant les différentes matières qui les composent. L'historien de Catilina commence son livre par une étude des sources : « Avant d'interroger les témoins, il convient d'étudier leur caractère, leurs passions, leurs intérêts[40] » – soit d'analyser leurs motivations. Pourtant, même si les besoins de l'écriture savante justifient le recours à des matériels hétérogènes, ce n'est pas du goût de Mérimée. Présentant son propre travail dans *La Guerre sociale*, il écrit :

---

37 « *Histoire de la poésie provençale* par feu M. Fauriel », *Le Constitutionnel*, 17 février 1846.

38 Lettre à Tourguéniev, 15 janvier 1865, *C. G.*, t. XII, p. 328.

39 « Le Vase étrusque », *Théâtre de Clara Gazul. Romans et nouvelles*, éd. Jean Mallion et Pierre Salomon, Paris, Gallimard, « Bibliothèque de la Pléiade », 1968, p. 515.

40 *Études sur l'histoire romaine. Conjuration de Catilina*, Paris, Michel Lévy frères, 1853, p. 226.

> Supposez mille petits morceaux d'étoffe plus ou moins déchirés. Je les couds ensemble et j'en fais un tapis. Les admirateurs de couture apprécieront ce travail, mais les autres trouveront qu'un tapis d'une seule pièce est préférable[41].

Enfin, le discours du moi se situe selon Mérimée aux antipodes du choix, qui implique une « critique impartiale de soi-même »,

> en quoi les Grecs ont excellé, et [...] que les écrivains de l'école de Rousseau n'ont jamais su, ou qu'ils se sont appliqués à oublier sous prétexte de liberté, franchise, etc., lisez vanité et admiration de soi[42].

Byron se pare fièrement de ces défauts :

> [...] cette préoccupation, presque toujours exclusive pour les idées qui lui étaient personnelles, et l'habitude qu'il avait de s'y complaire et de les suivre dans tous leurs développemens, l'empêchaient de les coordonner et de leur donner une forme régulièrement épique ou dramatique. Parlant toujours de lui-même, il était incapable de faire un récit dont l'action fût suivie, qui eût un commencement et une fin[43].

Pas de critique de soi-même, pas de choix entre les idées : pas d'action suivie, pas d'unité de l'œuvre.

Par delà le quantitatif, l'esthétique du peu impose l'unité comme la qualité la plus haute, située au sommet de l'échelle des valeurs. La prédilection de Mérimée pour le genre de la nouvelle procède de cette conception. Dans une nouvelle, affirme-t-il, « les pensées doivent être très courtes, avoir un trait saillant[44] » : peu de matériel mais l'accent posé sur un trait significatif. Voilà une définition qui s'accorde avec celle que j'ai proposée ailleurs : la nouvelle est régie par un projet d'unité – la brièveté, qu'on considère d'habitude comme sa qualité définitoire, est tributaire de ce projet – et s'oppose par là au roman, genre du multiple et de l'illimité[45].

---

41 Lettre à Mme de Boigne, 20 septembre 1842, *C. G.*, t. III, p. 218.

42 Lettre à Tourgéniev, 18 janvier 1861, *C. G.*, t. X, p. 184.

43 « Mémoires de Lord Byron, publiés par Moore, traduits par Mme Belloc », *Le National*, 7 mars 1830.

44 Lettre à la Princesse Julie, [mars-avril 1864], *C. G.*, t. XII, p. 92.

45 Voir sur ce sujet en particulier Antonia Fonyi, « La nouvelle selon Mérimée », dans Mérimée, *Tamango, Mateo Falcone et autres nouvelles*, Paris, Flammarion, « GF », n° 392, 1983, p. 5-38 ; « La nouvelle selon les théories allemandes du XIXe siècle », *L'École des lettres*, numéro spécial *La nouvelle de Balzac* (3), septembre 2003, p. 5-20 ; « Conte, nouvelle,

Solidaires, aussi bien le genre de la nouvelle que l'esthétique du peu sont au fondement de la différence, mieux, de la singularité de la pensée et de l'œuvre de Mérimée.

LA POÉSIE SELON MÉRIMÉE

Les chercheurs ne s'intéressent que depuis peu à la poésie dans l'œuvre de Mérimée, à ses propres poèmes et à ses réflexions sur la poésie. *La Guzla*, certes, est étudiée depuis longtemps, mais les recherches s'étaient concentrées sur ses thèmes, ses sources, sa réception, son statut d'apocryphe, en laissant de côté la question du genre et de la forme. Cette orientation s'explique par la *doxa* séculaire qui considérait le refus comme l'unique rapport de Mérimée à la poésie. Non tout à fait à tort :

> Je ne puis souffrir que la mesure ou la rime entraînent un écrivain dans des pensées étrangères à son sujet et qui ne s'y rattachent que par une consonance ; qu'il emploie vingt mots lorsqu'il pourrait mieux dire en quatre, et qu'il rejette une expression juste parce qu'elle a le malheur d'avoir une syllabe de plus ou de moins[46].
>
> Vous savez que je ne suis pas juge en matière de poésie. La première chose, c'est de satisfaire la raison, l'oreille vient ensuite[47].

Implacable, ce refus ne concerne toutefois que les contraintes de la versification et des formes fixes. Mais chez Mérimée le mot de *poésie* ne désigne pas seulement les vers. D'autant moins que l'auteur des « poésies illyriques » de *La Guzla* est le premier créateur du poème en prose[48], genre et forme dont la pratique, mieux, l'invention, est la conséquence logique du refus de la versification. Un refus lié au rejet de la valorisation

---

roman. Les genres du récit chez Maupassant », *Relire Maupassant. La Maison Tellier, Contes du jour et de la nuit*, dir. Antonia Fonyi, Pierre Glaudes, Alain Pagès, Paris, Classiques Garnier, 2011, p. 99-115 ; « La nouvelle en question. Exemples de Maupassant », *Cahiers Flaubert Maupassant*, n° 32, 2016, p. 183-199.

46 « *Poésies et Nouvelles* par Mme d'Arbouville », art. cité.

47 Lettre à Gobineau, 13 janvier [1869], *C. G.*, t. XIV, p. 361.

48 Pour une analyse du sujet sous de multiples aspects, nous renvoyons à l'article novateur de Sylvie Thorel, « La poésie illyrique de M. Première Prose », *Cahiers Mérimée*, n° 9 (2017), p. 9-30.

de la quantité, du nombre des syllabes, de la régulation du rythme et des accords, au détriment de la qualité, de la justesse de l'expression.

> Est-ce en réalité un très-grand avantage pour un poëte de disposer d'une langue flexible, harmonieuse, accentuée ? [...] il me semble que le poëte sera trop souvent tenté de sacrifier le fond à la forme. Il se contentera de sons au lieu de pensées [...]. Il n'est pas rare que la perfection d'un instrument entraîne celui qui sait le manier à une recherche minutieuse et puérile. [...] La facilité [que les poètes russes] ont d'exprimer avec une gracieuse précision les moindres détails, de noter des nuances presque imperceptibles, les a conduits à une grâce coquette et mignarde, qui n'est pas le but de l'art. Ils se perdent souvent dans les minuties[49].

Nous y voilà : le privilège accordé à la forme mène à la minutie, à la multiplication des détails insignifiants, au trop.

Mais le mot de poésie est employé aussi par Mérimée pour désigner l'imagination et ses produits. Là encore, on rencontre du refus, lorsque le poète prend ses inventions pour des réalités. La cible emblématique d'un tel refus est Nodier, dans le discours de réception de Mérimée à l'Académie française où il occupera son fauteuil. « Poëte », Nodier « s'abandonn[e] à son imagination », croyant « consulter sa mémoire » ; il vit « parmi les créations de sa fantaisie comme au milieu des réalités » ; il laisse « ses brillantes rêveries » se confondre avec « les scènes du monde » ; il « voile l'histoire d'une parure empruntée à la poésie » ; même « ses idées de grammaire se ressentent un peu de l'ardeur de son imagination[50] ». Autrement dit, c'est « un infâme menteur[51] ». Pire, peut-être : « chez un poëte, l'imagination [...] défie les arguments de la raison[52] ».

À l'opposé de ce poète, le « chroniqueur », soit Mérimée lui-même qui, pour tracer un portrait « fidèle » de Nodier, avait recueilli des « détails exacts sur sa vie[53] ». « Je suis trop *a matter of fact man* », écrit-il pour expliquer son inaptitude à la poésie[54]. Ce qui ne l'a pas empêché

49 « Alexandre Pouchkine », art. cité, p. 82.

50 « Discours de réception de Prosper Mérimée » [Académie française, 6 février 1845], https://www.academie-francaise.fr/discours-de-reception-de-prosper-merimee (consulté le 15 janvier 2022).

51 Lettre à Albert Stapfer, [16 octobre 1844], *C. G.*, t. IV, p. 202.

52 « Discours de réception de Prosper Mérimée », art. cité.

53 *Ibid.*

54 Lettre à Mme de La Rochejaquelein, 24 janvier 1855, *C. G.*, t. VII, p. 426.

d'écrire des œuvres de fiction : il a été élu à l'Académie française aussi bien en tant qu'auteur de *Colomba* que d'*Études sur l'histoire romaine.* Mais lui, contrairement à Nodier, veille avec rigueur à la séparation des domaines, notamment de l'écriture littéraire et de l'écriture savante. Tout comme Pouchkine, exemplaire dans tout ce qu'il entreprend : lorsque le tzar lui donna la mission d'écrire l'histoire de la révolte de Pougatchev, l'entourage doutait de son aptitude pour un tel travail :

> Mais Pouchkine attrapa bien ceux qui annonçaient que de la mission impériale sortirait un nouveau poëme. Il étudia consciencieusement son sujet, compulsa maints mémoires, fouilla les archives de toutes les provinces où Pougatchef avait passé, et le résultat de son travail fut un récit aussi froid que le procès-verbal d'un greffier de cour d'assises. Il est vrai que ces études nous ont valu *la Fille du Capitaine*, petit roman où Pougatchef joue un rôle, et se fait bien mieux connaître que dans l'histoire officielle[55].

Sous condition de respecter la séparation de la fiction et de la réalité, Mérimée non seulement accepte mais admire l'imagination des poètes. Il fait l'éloge des *doïnas* de Vasile Alecsandri, « petits poëmes pleins d'imagination et de grâce[56] », de même que des « petits poëmes [...] pleins d'imagination et de verve » improvisés par les paysans grecs[57]. Dans sa présentation de Pouchkine aussi « imagination » et « verve » vont de pair[58]. Vérité triviale : sans elles il n'y a pas de poésie, du moins pas de poésie authentique que Mérimée distingue rigoureusement de celle des rimeurs :

> Heureux les poëtes d'autrefois, ignorants des règles et des conventions inventées par les rhéteurs. Plus heureux encore les poëtes pour qui le champ de la nature s'étalait dans son immensité, vierge encore de toute moisson[59].

Libre de toute entrave formaliste, la poésie authentique est issue de la nature, elle « plane sur toute la nature[60] », elle est « le cri de la nature[61] », et, de ce fait, elle est hors culture puisqu'antérieure à la culture : elle

55 « Alexandre Pouchkine », art. cité, p. 100-101.

56 « *Ballades et Chants populaires de la Roumanie*, recueillis et traduits par V. Alexandri », *Le Moniteur universel*, 17 janvier 1856.

57 Préface à Marino Vreto, *Contes et Poèmes de la Grèce moderne*, Paris, Émile Audois, 1855, p. 10.

58 « Alexandre Pouchkine », art. cité, p. 91.

59 « *Ballades et Chants populaires de la Roumanie* », art. cité.

60 *Ibid.*

61 « *Histoire de la poésie provençale* par feu M. Fauriel », art. cité.

date « d'autrefois », de l'« époque poétique[62] » de l'histoire. Cette époque fut celle de la « sauvagerie » : « je ne conçois guère de poésie que dans un état de demi-civilisation, ou même de barbarie, s'il faut trancher le mot. C'est dans cet heureux état seulement que le poëte peut être naïf sans niaiserie, naturel sans trivialité[63]. »

> C'était le bon temps. Hérodote vint qui gâta tout.
> Ce n'est pas qu'Hérodote ne fût lui-même un grand poëte ; mais une histoire nationale écrite en prose, avec critique, sans passion, d'après des mémoires étrangers, constatait un progrès immense de la civilisation et annonçait la fin de l'époque poétique. En effet, la société commençait à se régulariser[64].

La poésie aussi :

> Partout, à mesure qu'on devenait moins sensible à la poésie, on s'est appliqué à rendre ses règles plus étroites, comme pour réprimer et prévenir ses effusions spontanées. En France, par exemple, nos premiers trouvères rimaient par assonances ; bientôt on inventa les rimes plates, puis l'alternance des rimes masculines et féminines[65].

On devient moins sensible à la poésie à mesure qu'on s'éloigne de « l'époque poétique », de la nature, de l'état primitif. La marque la plus frappante de cet éloignement, selon Mérimée, est la disparition des métaphores :

> Dans les langues primitives, les mots manquent surtout pour les idées abstraites et générales, et si l'on examine ces mots dans nos dictionnaires, on les trouvera presque toujours formés selon une loi grammaticale, ce qui permet de conjecturer que leur formation ne date que de l'époque où la langue à laquelle ils appartiennent a été réglementée et analysée. On suppléait d'abord à ces expressions par des métaphores. […] Nous remarquons que la métaphore est d'autant plus fréquente dans une langue que cette langue est moins cultivée. Voilà pourquoi sans doute la poésie, qui ne vit que de métaphores, fleurit toujours avant la rhétorique et la grammaire[66].

Insistons : la poésie ne vit que de métaphores.

---

62 « *Ballades et Chants populaires de la Roumanie* », art. cité.
63 *Ibid.*
64 *Ibid.*
65 *Ibid.*
66 « Des mythes primitifs », *Revue contemporaine*, 15 octobre 1855, p. 17-18.

> L'industrie et le commerce tueront la poésie déjà bien malade par le fait des journaux et de l'érudition. Aujourd'hui, [...] les métaphores hardies et ingénieuses ne se trouvent plus guère que dans la bouche des gens illettrés[67].

La métaphore est une figure synthétique, elle est la fusion de deux éléments. Elle, de même que la poésie qu'elle fait vivre, ne fleurit que dans « une langue ancienne et isolée [qui] est synthétique », contrairement à « une langue moderne et mêlée [qui] est analytique[68] ».

Synthèse, fusion, union, la métaphore est l'emblème rhétorique de l'unité. La poésie qui vivait d'elle était œuvre d'unité. Elle correspondait à « l'état poétique » de la société qui était un état d'unité : « tous les hommes de même race parlaient la même langue, avaient les mêmes passions, presque les mêmes besoins, qu'ils fussent riches ou pauvres, nobles ou serfs » ; « la séparation entre l'homme libre et l'esclave [n'était pas tranchée] car pendant longtemps l'éducation de l'un et de l'autre avait été la même à peu près[69] ». Le poète, lui, avait une position éminente : il réunissait dans ses actes les fonctions sociales majeures et dans son esprit les savoirs de la communauté : il était « le chef militaire, le législateur, l'oracle de sa tribu ; il connaissait tout, depuis le cèdre jusqu'à l'hysope[70] ».

Le « progrès de la civilisation » met fin à cet état : la société doit « se régulariser », elle « se [divise] en classes, selon les intérêts et les occupations de ses membres » dont chacun aura « des devoirs, des habitudes, et [...] même des pensées de nature déterminée[71] ». C'est alors que s'élabore une poésie formaliste, à l'opposé de l'authentique, du cri informe de la nature. Quant au poète, il est désormais « un des membres les plus inutiles de la société ; il parle une langue factice[72] ». On ne saurait y insister assez : « l'ordre » qui caractérise la poésie inauthentique « [résulte] de la division et de l'analyse », il est l'œuvre de la « civilisation[73] ».

---

67 Préface au *Contes et Poèmes de la Grèce moderne*, *op. cit.*, p. 12.

68 « De l'origine des Albanais », *Revue contemporaine*, 31 décembre 1854, p. 237. Mérimée précise dans cet article qu'il tient cette distinction entre langues synthétiques et langues analytiques de Burnouf.

69 « *Ballades et Chants populaires de la Roumanie* », art. cité.

70 *Ibid.* Sur la question des rapports entre poésie (mythe), société unie, langue synthétique et leur disparition, voir Claude Millet, « Le légendaire de Mérimée : le mémorial de la barbarie », *Prosper Mérimée. Écrivain, archéologue, historien*, *op. cit.*, p. 89-97.

71 « *Ballades et Chants populaires de la Roumanie* », art. cité.

72 *Ibid.*

73 « Des mythes primitifs », art. cité, p. 19.

Unité *versus* division, barbarie *versus* civilisation. C'est dans ce contexte que s'inscrit l'amour de Mérimée pour la poésie populaire – *amour* est bien le mot : « J'aime les chants populaires de tous les pays et de tous les temps[74] » – : ce sont les « gens illettrés » qui parlent encore en métaphores[75], ce sont « les gens mal élevés [qui ont encore] un grain de poésie dans le cœur[76] ». Car c'est bien le cœur, un mot et un organe dont une doxa séculaire suggérait l'absence chez Mérimée[77], qui est pour lui le siège de la poésie : le poète s'exprime par des « traits partis du cœur[78] ». Aussi bien, tant qu'elle était authentique, « c'était le cœur qui jugeait la poésie » ; à présent qu'elle « ne s'adresse qu'à l'esprit, c'est l'esprit seul qui [la] juge », celui des lecteurs « instruits à disséquer [...], au lieu de se laisser entraîner à leur émotion comme Ulysse qui pleure chez les Phéaciens lorsque le barde d'Alcinoüs chante la guerre de Troie[79] ». Qui pleure non pas d'attendrissement, mais de désolation et de joie de revivre de grands souvenirs : le cœur selon Mérimée est habité de passions énergiques.

Qui dit *amour* et *cœur*, ne dit pas pour autant discours du moi ou lyrisme quand c'est Mérimée : sa conception de la poésie est élaborée par l'auteur des poèmes « illyriques » de *La Guzla* où le « je » est instance de narration et sujet connaissant, mais non sujet lyrique[80]. Recueil de poésies populaires libres de toute contrainte formelle – poèmes en prose –, *La Guzla* est l'illustration fidèle, mieux, la réalisation de l'idéal poétique de Mérimée. Défini comme « le cri de la nature, souvent sauvage et bizarre, mais quelquefois sublime[81] », cet idéal est mis en œuvre par le chanteur morlaque qui cadence ses poèmes par des cris semblables au « hurlement [...] d'un loup blessé », auxquels « il faut [...] être accoutumé pour penser qu'ils sortent d'une bouche humaine[82] ».

74 « *Ballades et Chants populaires de la Roumanie* », art. cité.

75 Préface au *Contes et Poèmes de la Grèce moderne*, *op. cit.*, p. 12.

76 « *Ballades et Chants populaires de la Roumanie* », art. cité.

77 Voir pour l'expression littérale de cette thèse, André Rousseaux, « Le cœur de Mérimée », *Le Monde classique*, Paris, Albin Michel, t. I, 1941, p. 182-188.

78 « Réponse de M. Prosper Mérimée directeur de l'Académie française au discours de M. Ampère », https://www.academie-francaise.fr/reponse-au-discours-de-reception-de-jean-jacques-ampere, consulté le 15 janvier 2022.

79 « *Ballades et Chants populaires de la Roumanie* », art. cité.

80 Voir pour une étude approfondie de cette question Ludmila Wurtz, « Le lyrisme de *La Guzla* », *Prosper Mérimée. Écrivain, archéologue, historien*, dir. Antonia Fonyi, Genève, Droz, 1999, p. 99-110.

81 « *Histoire de la poésie provençale* par feu M. Fauriel », art. cité.

82 « Préface », *La Guzla...*, Paris, Strasbourg, F. G. Levrault, 1827, p. XII.

SOUS LE SIGNE D'ÉROS

Toute la pensée et toute l'œuvre de Mérimée sont déterminées par la volonté d'unité. Si j'ai choisi de montrer comment elle régit l'esthétique du peu et la conception de la poésie, c'est qu'elle y apparaît avec une clarté optimale. À l'issue de ces démonstrations la question s'impose : pourquoi cette volonté d'unité ?

Avant de proposer une hypothèse de réponse, je note avec insistance que l'unité en tant qu'idéal esthétique s'associe chez Mérimée à l'énergie, un idéal existentiel.

Plus haut, dans l'exposé de sa conception de la poésie, nous avons touché au grand thème structurant de l'œuvre de Mérimée qu'est l'opposition de la sauvagerie et de la civilisation : la première crée la poésie authentique, la seconde la poésie formaliste. La plus ancienne des deux, la poésie des sauvages, celle qui est placée sous le signe de l'unité, est plus proche des origines, de l'*archè*, source première de l'énergie dont elle participe, par conséquent, dans une plus forte mesure que la poésie des civilisés[83].

Le rapport entre unité et énergie dans la création littéraire est explicité par Mérimée dans la comparaison qu'il établit entre Byron et Pouchkine. Nous l'avons déjà rencontrée en traitant de l'esthétique du peu mais elle mérite d'être rappelée *in extenso.*

> Nul autre poète anglais n'a renfermé plus de sens en moins de mots et avec plus d'énergie [que Byron] ; mais souvent il ne sait pas faire un choix entre les pensées qui se présentent en foule à son esprit [...][84].
> [...] il n'en écarte aucune, et souvent les jette pêle-mêle, à mesure qu'elles s'offrent à lui, en sorte que sa pensée [...] s'affaiblit en se reproduisant sous une forme moins frappante et avec un tour moins heureux. [...] Au contraire, [chacun des vers de Pouchkine] est le fruit d'une réflexion approfondie. Comme l'archer Pandarus d'Homère, il cherche longtemps dans son carquois une

83 Pour une présentation de l'*archè* et de l'opposition entre sauvagerie et civilisation, voir en particulier Antonia Fonyi, « La passion pour l'*archè* », *Prosper Mérimée. Écrivain, archéologue, historien*, *op. cit.*, p. 197-207, et « Sauvagerie / Civilisation Principe de plaisir / Principe de réalité. Un conflit au cœur de l'œuvre de Mérimée », *Littératures* (Toulouse), numéro spécial *Mérimée*, n° 51, 2004, p. 61-74.

84 « Mémoires de lord Byron », art. cité.

> flèche droite et acérée, mais cette flèche ne manquera pas le but. [...] Byron perd une partie de sa force en la prodiguant au hasard ; Pouchkine sait la réserver pour des coups décisifs[85].

Plus l'unité est solide, resserrée, plus l'énergie est concentrée, puissante. Ce sont cette solidité et cette puissance que vise l'esthétique du peu. Insistons sur certains termes du passage cité : la pensée de Byron, rendue d'abord avec *énergie*, finit par *s'affaiblir*, devenir *moins frappante* ; Pouchkine, au contraire, envoie une seule *flèche droite et acérée* destinée à donner un *coup décisif*. Il est vrai que les mots *frapper* ou *frappant* sont couramment utilisés pour désigner la force ou la singularité d'une expression, d'une image, etc., mais dans le contexte de Mérimée ces termes se laissent comprendre aussi au sens littéral. Ils expriment que c'est une énergie agressive qui sous-tend l'esthétique de Mérimée. Sainte-Beuve ne pense pas autrement : Mérimée atteint son effet par un « coup » brusque, « comme [...] ce fameux coup de couteau par lequel son bandit tue le borgne. On reçoit cela... Vlan[86] ! » « On » : le lecteur. *L'hypocrite lecteur* : Pouchkine et Byron ont en commun, selon Mérimée, leur « dégoût pour les conventions de la société[87] ». L'agressivité de l'esthétique de Mérimée s'adresse aux tenants de la littérature civilisée laquelle, à force d'accumuler, de décrire et d'analyser, détruit l'unité et, partant, l'authentique.

L'unité et l'énergie ayant partie liée chez Mérimée, les deux se laissent englober par une même interrogation : pourquoi les place-t-il au sommet de son échelle de valeurs ? C'est du côté de la psychanalyse que je chercherai une hypothèse de réponse, notamment du côté de la conception de Freud de la vie psychique – ou de la vie, tout simplement – qu'on appelle sa « deuxième théorie des pulsions », théorie fondée sur l'opposition des deux pulsions fondamentales, de la pulsion de vie, Éros, la libido, et de la pulsion de mort ou destruction, Thanatos[88]. Éros unifie. Il est

85 « Alexandre Pouchkine », art. cité, p. 79.

86 Voir supra note 33.

87 « Alexandre Pouchkine », art. cité, p. 77.

88 Voici les grandes lignes de cette théorie, dans les propres termes de Freud. « [...] nous avons résolu de n'admettre l'existence que de deux pulsions fondamentales : *l'Eros et la pulsion de destruction*. [...] le but de l'Eros est d'établir de toujours plus grandes unités, donc de conserver : c'est la liaison. Le but de l'autre pulsion au contraire est de briser les rapports, donc de détruire les choses. Il nous est permis de penser de la pulsion de destruction que son but final est de ramener ce qui vit à l'état inorganique et c'est pourquoi

énergie créatrice de rapports qui lient tout ce qu'il rencontre en des unités de plus en plus grandes. À l'opposé, Thanatos désunit : la mort est le moment où commence la décomposition du corps, la désunion des cellules. Mais leur antagonisme n'exclut pas la compatibilité des deux pulsions. La libido, orientée vers les satisfactions complètes et rapides, si elle y accède, risque de s'y déverser entièrement, de quitter le corps, et de céder le terrain à la pulsion de la mort, mais la nécessité de se mêler à celle-ci pour la neutraliser l'en empêche. C'est ainsi que l'intrication des deux pulsions fondamentales s'impose comme une condition nécessaire de la vie. La proportion des parts intriquées et des parts libres de chacune change, bien évidemment, à chaque moment, dans chaque cas[89].

Transposée dans le domaine psychique et, de là, dans les domaines intellectuel ou artistique, cette théorie nous aide à éclairer la position esthétique de Mérimée. La primauté qu'il accorde à l'unité et à l'énergie marque une part prépondérante d'Éros dans ses choix, au détriment de l'intervention de la pulsion de mort. C'est sur cet arrière-plan psychique qu'est conçue l'esthétique du peu : si Mérimée refuse la description,

---

nous l'appelons aussi *pulsion de mort.* » (*Abrégé de la psychanalyse*, trad. Anne Berman, Paris, PUF, 1949, p. 8.) « La libido rencontre, dans des êtres vivants (pluricellulaires), la pulsion de mort ou de destruction qui y règne, pulsion qui voudrait décomposer cet être cellulaire et y faire passer chaque organisme élémentaire individuel dans l'état de stabilité anorganique (celle-ci ne fût-elle que relative). La libido a pour tâche de rendre inoffensive cette pulsion destructrice, et elle s'en acquitte en la dérivant vers l'extérieur, [...] en la dirigeant contre les objets du monde extérieur. [...] [Une part de cette pulsion] ne participe pas à ce report vers l'extérieur, elle demeure dans l'organisme et là elle est liée libidinalement [...]. / Il nous manque toute compréhension physiologique pour savoir sur quelles voies et avec quels moyens peut s'effectuer ce domptage de la pulsion de mort par la libido. Dans la sphère de la pensée psychanalytique nous pouvons seulement faire l'hypothèse qu'il se produit une mixtion et un amalgame, très extensifs et variables dans leurs proportions, des deux espèces de pulsions ; si bien que nous ne devrions nullement compter avec des pulsions de mort et de vie pures, mais seulement avec les mélanges de celles-ci, comportant des valeurs diverses. À la mixtion des pulsions peut correspondre, sous l'effet de certaines actions, la démixtion de celles-ci. » (« Le problème économique du masochisme », trad. A. Bourguignon, C. v. Petersdorff, *Œuvres complètes*, Paris, PUF, t. XVI, 1992, p. 15-16.) – Cette théorie a été souvent critiquée, rejetée même par ceux qui préféraient nier l'existence de la pulsion de mort. Si j'y souscris sans réserve, c'est que j'ai eu l'occasion à plusieurs reprises d'y avoir recours avec profit pour l'interprétation des œuvres littéraires.

89 Les interactions des pulsions fondamentales et leurs conséquences sont analysées avec une acuité remarquable par Benno Rosenberg, dans *Masochisme mortifère et masochisme gardien de la vie*, Paris, PUF, « Monographies de la *Revue française de psychanalyse* », 1991.

l'analyse, l'accumulation des détails, c'est que ce sont des procédés qui divisent, qui brisent les liens entre les parties qui composent un tout, et qui compromettent par conséquent, à ses yeux, l'unité de la composition, la cohérence de l'œuvre. Dans son rapport à la poésie, l'importance d'Éros est plus manifeste encore : la métaphore qu'il considère comme l'élément vital de la poésie est une figure par excellence synthétique ; en assignant à la métaphore une existence qui se limite aux temps primitifs et à leurs survivances, il la rapproche de l'*archè*, source de l'énergie vitale. Et si le langage de ses propos critiques est souvent agressif, c'est que l'énergie dont ces propos sont investis sert à combattre une littérature qui accorde une large part à la description, à l'analyse, à la dispersion, à la division, au travail de Thanatos.

Dans l'œuvre savante de Mérimée il en va autrement, bien sûr, parce que pour l'archéologue comme pour l'historien la description et l'analyse sont des outils indispensables. Mais là aussi, on l'a vu, il combat le trop, l'accumulation des détails lorsqu'ils ne constituent pas un ensemble cohérent. De plus, dans ses activités savantes, tout comme dans la littérature, la visée principale qui commande son travail est l'approche de l'*archè* : « Je voudrais que l'on conservât les restes de la poésie populaire, comme on conserve les ruines d'un temple dont on a chassé le dieu[90]. » Les moyens peuvent changer, la fin reste la même.

Une relecture des propos critiques ou des textes littéraires de Mérimée menée à la lumière de ses prédispositions pulsionnelles pour montrer la pertinence de ma lecture, dépasserait les cadres de cette étude. Pour conforter l'hypothèse que j'avance, je me contenterai de réfuter une objection qui semble s'imposer : la mort brutale des protagonistes qui termine la plupart des récits de Mérimée ne contredit-elle pas la supposée primauté de la pulsion de vie sur la pulsion de mort dans sa pensée ?

Avant de répondre, je voudrais écarter la confusion qu'on rencontre souvent entre la pulsion de mort et la pulsion sadique, l'agressivité. La première ne s'inscrit pas dans une relation d'objet, ni n'a de connotations affectives. La seconde, au contraire, se dirige vers un objet externe – à moins qu'elle ne prenne pour objet la personne du sujet lui-même –, et elle est source de plaisir, ce qui revient à dire que la part de pulsion de mort qu'elle comporte est mélangée à la libido, liée par elle. Le comte Szémioth tue sa fiancée d'une morsure à la gorge dans le lit nuptial :

90 Préface à Marino Vreto, *Contes et Poèmes de la Grèce moderne*, *op. cit.*, p. x.

c'est un crime sexuel, un acte libidinal. Don José tue Carmen parce qu'elle refuse de l'aimer : c'est un crime d'amour. Certes, la pulsion de mort en voie de se séparer d'Éros est à l'œuvre dans l'histoire, mais c'est du côté de Carmen, qui rompt les liens – « À présent, je n'aime plus rien[91] » – qu'on décèle sa présence. Dans les textes de Mérimée, la présentation de la mort n'est pas non plus dominée par Thanatos :

> Mateo fit feu, et Fortunato tomba roide mort[92].
>
> Je la frappai deux fois. [...] Elle tomba au second coup sans crier. Je crois encore voir son grand œil noir me regarder fixement ; puis il devint trouble et se ferma[93].

Sainte-Beuve trouve que ce n'est pas assez « large et libre[94] ». Pour Barbey d'Aurevilly, Mérimée « veut *la mort sans phrases* en littérature, comme Fouché la voulait en politique ; mais en littérature il faut des phrases » parce que « la pensée [...] a besoin d'éclater et de se répandre[95] ». Qu'il suffise de rappeler le récit de la mort d'Emma Bovary, emblématique d'un tel « répandage ». Elle agonise sur des pages et des pages : les discours des médecins, du pharmacien, du prêtre commentent son état puis son corps mort est toiletté, habillé, exposé aux regards ; minutie et abondance de détails, aux antipodes de l'écriture de Mérimée. Qui plus est ce mode d'écriture, en même temps qu'il correspond au travail décomposant de la pulsion de mort, permet de présenter la décomposition elle-même : les yeux du cadavre deviennent visqueux, lorsqu'on soulève sa tête, un flot de liquide noir sort de sa bouche, on dissimule son odeur sous des parfums de camphre et d'herbes aromatiques. Dans *Les Dessous de cartes d'une partie de whist* de Barbey, c'est l'odeur des résédas qui cache celle du corps d'un enfant tué par sa mère, l'héroïne de *La Vengeance d'une femme* rongée par la syphilis se décompose vivante, la dernière image du héros d'*Une histoire sans nom* est celle d'un cadavre que les vers dévorent. De telles descriptions sont exclues chez Mérimée : chez lui la mort, mieux, le meurtre est investi par une puissante charge libidinale, et Éros veille à l'intégrité des corps.

91 Pl, 988.

92 Pl, 463.

93 Pl, 988.

94 *Cf. supra*, note 33.

95 « M. Prosper Mérimée. *Clara Gazul, Colomba, Carmen* », *Les Romanciers, Les Œuvres et les Hommes*, t. IV, Paris, Amyot, 1865, Genève, Slatkine Reprints, 1968, p. 332-333.

Les indications que je viens de donner devraient être, bien sûr, étayées sur des analyses de texte nuancées. Il est évident que l'écriture de Flaubert et de Barbey, même lorsqu'elle est travaillée par la pulsion de mort, même lorsqu'ils décrivent des cadavres, est fortement investie par la libido sans laquelle il n'y a pas de création. Il est non moins évident que la pulsion de mort joue un rôle déterminant chez Mérimée aussi, du fait même qu'elle dicte la fatalité archaïque qui régit ses récits et qui veut que tout ce qui vit finisse par mourir. La différence entre Mérimée et un Flaubert ou un Barbey d'Aurevilly tient à la proportion et à la force de la liaison des pulsions fondamentales qui travaillent l'écriture de chacun.

Nous arrivons à la fin de notre parcours. Reste à répondre à deux questions que j'ai posées au début de cette étude.

La première concernait les raisons de la réticence de Mérimée à la critique littéraire. À la lumière de la prédomination de la pulsion de vie dans son fonctionnement psychique, on comprend mieux cette réticence. « Je suis particulièrement impropre à la critique littéraire. Je ne sais que dire bien ou mal, mais la question quo modo m'embarrasse[96] », déclare-t-il. Il refuse la critique, dirais-je, parce qu'elle est analyse. Rappelons que l'analyse est définie dans le dictionnaire de l'Académie française de 1835, de même que dans les dictionnaires de nos jours, comme « décomposition », terme qui se laisse entendre dans notre contexte au sens biologique aussi. Pire, « la marche de la civilisation » a formé, dit Mérimée, des lecteurs « instruits à disséquer froidement l'œuvre qu'on leur présente[97] » : prototype de ces lecteurs, le critique travaille du côté de la mort.

L'autre question concerne les critères des jugements critiques de Mérimée. Selon R. C. Dale, ces critères procèdent de sa pratique de la nouvelle. J'ai proposé de chercher en amont de cette pratique les prédispositions qui déterminent aussi bien sa critique que sa prédilection pour le genre de la nouvelle. À présent, je peux donner un nom à ces prédispositions : primauté de la pulsion de vie. Celle-ci veut l'unité et génère par conséquent la volonté d'unité, base de l'esthétique de Mérimée. Quant à la nouvelle, on l'a vu plus haut, elle se définit par son unité, par opposition au roman, genre de la multiplicité dont la cohérence est assurée par la continuité[98].

96 *Cf. supra*, note 1.
97 « *Ballades et Chants populaires de la Roumanie* », art. cité.
98 *Cf. supra* note 8.

Enfin, je voudrais rappeler avec insistance que la primauté d'Éros comme fondement de l'esthétique de Mérimée n'est qu'une hypothèse parmi d'autres possibles. On pourrait même se demander comment une telle option est compatible avec la sécheresse proverbiale de Mérimée. Lui-même en convient : « [...] mon défaut à moi a toujours été la sécheresse ; je faisais des squelettes, et c'est peut-être pour cela que je blâme le trop d'embonpoint[99] ». Il dit cela à un moment où depuis vingt ans il n'écrit plus, desséché par un deuil d'amour interminable. Mais quand il écrivait encore et quand il reprendra la plume à la fin de sa vie, son imagination ne lui fournissait et ne lui fournira que des histoires d'amour. Quant à la sécheresse, si elle est liée à l'esthétique du peu, elle est aussi une idée reçue, une solution de facilité pour expliquer la singularité de l'écriture de Mérimée. Pour clore le débat en conciliant les contraires, voici le verdict de Jules Lemaître : « [...] son œuvre demeure. On dirait que sa sécheresse la conserve. "La mort n'y mord[100]." »

Reste à poser la question capitale : pourquoi la prédomination de la pulsion de mort dans la littérature du XIXe siècle et pourquoi Mérimée y échappe-t-il ? Une certitude, toutefois : cette différence est à la base de sa singularité.

Antonia FONYI
ITEM / CNRS
CRP19 Paris 3-Sorbonne nouvelle

99 Lettre à Tourguéniev, 6 décembre 1865, *C. G.*, t. XII, p. 603.

100 Préface aux *Nouvelles* de Mérimée, Paris, Librairie des Bibliophiles, Jouaust, 1887, p. V. Lemaître cite la devise de Clément Marot.

ANNEXE
Écrits de Mérimée sur la littérature

« Notice historique sur la vie et les ouvrages de Cervantes »,
dans *Histoire de Don Quichotte de la Manche*, traduite de l'espagnol par Filleau de Saint-Martin ; précédée d'une notice historique sur la vie et les ouvrages de Cervantes, par M. Pr Mérimée, Paris, A. Sautelet et Cie, Libraires, Place de la Bourse, 1826, t. I, p. I-LXII.

Souscription *Histoire de Don Quichotte de la Manche*
traduite de l'espagnol par Filleau de Saint-Martin précédée d'une *Notice historique sur la vie et les ouvrages de Cervantes*, par M. Pr Mérimée. Prospectus.

« Mémoires de Lord Byron, publiés par Moore, traduits par Mme Belloc »,
Le National, 7 mars 1830.

« Réclamations contre les Mémoires de Lord Byron, publiés par M. Moore »,
Le National, 3 juin 1830.

Discours prononcés dans la séance publique tenue par l'Académie française pour la réception de M. Mérimée, le 6 février 1845 [sur Nodier].

« *Histoire de la poésie provençale* par feu M. Fauriel »,
Le Constitutionnel, 17 février 1846.

Discours prononcés dans la séance publique tenue par l'Académie française pour la réception de M. Ampère, le 18 mai 1848.

H. B.
Paris, Firmin-Didot [octobre 1850].

« [Note sur Théodore Leclercq] »,
Revue des Deux Mondes, 1er mars 1851, p. 981-984.

« De la Littérature espagnole » [Ticknor],
Revue des Deux Mondes, 15 avril 1851, p. 275-289.

« [Alexis de Valon] »,
Revue des Deux Mondes, 1er septembre 1851, p. 963-964.

« Nicolas Gogol. *Nouvelles russes. – Mèrtvyia Doûchi (Les Ames Mortes). – Revizor (L'inspecteur Général)* »,
Revue des Deux Mondes, 15 novembre 1851, p. 627-650.

« La littérature et le servage en Russie. *Mémoires d'un chasseur russe*, par M. Ivan Tourghenief »,
Revue des Deux Mondes, 1er juillet 1854, p. 183-193.

« Chants populaires de la Grèce »,
L'Athenæum français, 14 octobre 1854, p. 970-971 ; [Préface à Marino Vreto, *Contes et Poèmes de la Grèce moderne*], 1855, p. 7-16.

« Notes et souvenirs »,
dans Stendhal (Henry Beyle), *Correspondance inédite, précédée d'une introduction par Prosper Mérimée de l'Académie française, ornée d'un beau portrait de Stendhal*, Paris, Michel Lévy frères, 1855, Première série, p. V-XXIV.

« *Poésies et Nouvelles* par Mme d'Arbouville »,
Le Moniteur universel, 26 juin 1855.

« Des mythes primitifs. *Le Peuple primitif, sa religion, son histoire et sa civilisation*, par F. de Rougemont »,
Revue contemporaine, 15 octobre 1855, p. 5-21.

« [*L'Espagne moderne*, par M. Charles de Mazade] »,
Revue des Deux Mondes, 15 octobre 1855, p. 460-461.

« Préface »
dans *Les Aventures du baron de Fæneste* par Théodore Agrippa d'Aubigné, Paris, P. Jannet, 1855, p. V-XX.

« *Ballades et Chants populaires de la Roumanie*, recueillis et traduits par V. Alexandri »,
Le Moniteur universel, 17 janvier 1856.

[Discours tenu à l'inauguration de la statue de Froissart à Valenciennes], 21 septembre 1856.

« Études sur la vie et les ouvrages de Branthôme »,
dans *Œuvres complètes* de Branthôme, Paris, P. Jannet, 1858, p. 5-73.

« À Monsieur Charpentier libraire-éditeur » [Préface à *Pères et Enfants* d'Ivan Tourguéniev], Paris, Michel Lévy, [mai] 1863, p. I-IV.

« *Correspondance complète de M*[me] *Du Deffand avec la Duchesse de Choiseul, l'abbé Barthélemy, etc.*, Avec une introduction par M. le Marquis de Sainte-Aulaire », *Le Moniteur universel*, 29 avril 1867.

« Alexandre Pouchkine »,
Le Moniteur universel, 20 et 27 janvier 1868.

« Ivan Tourguénef »,
Le Moniteur universel, 25 mai 1868.

« Journal de Samuel Pepys, publié par lord Braybrooke »,
Le Moniteur universel, 12 et 13 janvier 1869.

« Notice inédite sur la vie et l'œuvre de Cervantès écrite spécialement pour la traduction de *Don Quichotte* de Lucien Bart par Prosper Mérimée »,
dans Michel de Cervantes Saavedra, *L'Ingénieux Hidalgo Don Quichotte de la Manche*, Paris, J. Hetzel et Cie, [1878], t. I, p. 5-80.

COMPTE RENDU

Daniel-Henry Pageaux, *Esquisses parisiennes. Lectures de Mérimée*, Paris, L'Harmattan/AGA, « L'Orizzonte », 2021. 166 p.

Il n'est guère d'écrivain qui, plus que Mérimée « l'Inclassable », résiste à une lecture critique, tant son œuvre offre peu de prise à un lecteur pressé ou mal armé pour en appréhender la subtilité, mais nul n'est plus qualifié que D.-H. Pageaux pour relever ce défi, car, à une maîtrise parfaite des outils de l'analyse comparée, il joint la finesse d'un lecteur tout à la fois réceptif et incisif.

Sa *Préface* énonce les principes qui ont guidé sa manière dans une démarche qui ne va pas de soi, dans la mesure où elle convoque des concepts qui apparemment s'ignorent : « esquisses », « lectures », « Paris ». L'idée générale est de partir de l'espace parisien mentionné dans certaines des nouvelles de Mérimée pour en tirer un mode possible de lecture, en espérant que ce point de vue dévoilera des aspects ignorés ou mal perçus des nouvelles concernées : *L'Enlèvement de la redoute* (1829); *Le Vase étrusque* (1830); *La Double Méprise* (1833); *Arsène Guillot* (1844).

L'approche retenue est double : voyager et conter vont de pair; le « lieu mériméen » n'est pas un simple support spatial au récit. L'avantage qu'offre un regard apparemment aussi limité est qu'il écarte, chez le lecteur critique, la tentation d'une approche génétique de l'œuvre au profit d'une invention, c'est-à-dire de la recherche du processus de composition, en s'appuyant principalement sur la lecture du texte pour deviner comment il a pris forme. Dès lors, s'imposent trois lignes de force : le choix de la forme d'écriture adoptée qui est signifiante en soi; le détail, qui permet de percer la dure carapace du texte et ouvre la possibilité d'une lecture plus profonde; le lecteur, enfin, qui ne traduit pas mais montre les sens possibles à l'exception de ceux que le texte refuse.

Ces principes sont suffisamment précis pour ouvrir des perspectives critiques sûres et suffisamment lâches pour permettre des échappées vers d'autres horizons.

L'Enlèvement de la redoute en offre un bon exemple en proposant une originale formule de solution narrative. Le détail que révèle le paragraphe initial de la nouvelle ne concerne pas les faits rapportés mais introduit l'économie complexe du récit, selon laquelle le narrateur rapporte les propos d'un « militaire de ses amis », mort depuis, qu'il a transcrit de mémoire et dont il fait la lecture devant ses auditeurs du salon parisien de Mme de B[oigne]. Cette reprise hors contexte, c'est le moins que l'on puisse dire, d'un épisode guerrier qui a eu lieu à une époque déjà ancienne et dans un ailleurs fort éloigné contribue à donner au récit un caractère singulier et au salon parisien une allure d'alibi, non dépourvu d'ambiguïté, dans la mesure où il invite à considérer le narrateur comme un double de l'auteur. Cette ambiguïté se retrouve dans le récit, très bref au demeurant, qui, malgré ses prétentions de témoignage guerrier, s'intéresse surtout au comportement d'un jeune militaire qui connait son baptême du feu. Le fait que le témoignage soit de seconde main accentue encore le caractère fictif des aveux prêtés au héros de cet épisode. Dès lors, D.-H. Pageaux a beau jeu de souligner l'ironie qui consiste en l'incorporation sous le Second Empire de cette nouvelle dans le *Trésor littéraire* conçu pour inculquer des traits d'héroïsme à de futurs soldats, en l'amputant de l'interjection finale du colonel à l'agonie (« F... ! ») et de toute dimension sexuelle, malgré la substitution du terme « enlèvement » à celui de « prise » qui pourtant conclut le récit.

Dans *Le Vase étrusque*, le cadre des événements rapportés consiste en Paris et sa campagne (quelque part du côté du bois de Verrières). Ce n'est plus le récit qui est concerné par cette localisation, mais les événements eux-mêmes. Ce Paris est un espace habité, jalonné de quartiers et de monuments que visite le héros Saint-Clair, comme tout bon Parisien de sa classe et de son âge. Mais la topographie n'offre qu'un arrière-plan, le premier étant occupé par certaines pratiques qui définissent « le monde » et ses codes sociaux. Dans cet espace clos fait irruption un ailleurs matérialisé dans ce vase étrusque, dont le décor, représentant le combat des Lapithes et de Centaures, déclenche une cruelle violence dans une société pourtant policée ou qui se prétend telle, ce qui se traduit par la fin tragique des amours et de la vie de Saint-Clair et de Mathilde de Coursy.

Entre *Le Vase étrusque* et *La Double Méprise*, on relève bien des similitudes, à commencer par un dénouement tragique, chaque fois provoqué par une méprise : celle de Saint-Clair à l'égard du vase étrusque et la familiarité dont il paraissait témoigner entre Massigny et Mathilde n'a rien à envier à celle des deux héros de la seconde. Il faut y ajouter l'opposition entre Paris et la campagne qui joue un rôle décisif dans le déroulement de l'intrigue, avec, cependant, une inversion des valeurs surprenante. En effet, les scènes de la vie parisienne qui occupent le début de la nouvelle témoignent d'une absence de respect des codes, alors que la demeure de Mme Lambert reconstitue, hors de la ville, un salon digne de la meilleure société de la capitale.

Mais cette longue nouvelle, bien partie pour faire un roman si son auteur n'avait jugé bon de l'interrompre brutalement, ce qui l'oblige à quelques raccourcis finaux auxquels le lecteur a du mal à adhérer, fait intervenir trop d'éléments pour qu'il soit permis d'en dégager une clef unique. D.-H. Pageaux n'en néglige aucun, mais celui qui l'emporte est le motif de la voiture, dont on relève pas moins de treize occurrences : de la promesse d'une voiture neuve, qui pesa dans la décision de Julie d'épouser son généreux prétendant Chaverny, jusqu'à la calèche qui conduisit l'héroïne dans cette auberge de campagne où elle allait connaître une mort tragique. Mais, de toutes les occurrences, c'est, bien évidemment, la voiture de Darcy, qui abrita les amours des deux protagonistes qui compte surtout. Ce ne sont pas de simples mentions occasionnelles, tant il est clair que le narrateur les contrôle dans le but évident de déconsidérer par un traitement constamment ironique le comportement et la psychologie de ses personnages, et dans lequel il ne se prive pas certains emprunts particulièrement significatifs, par exemple avec les *Fourberies de Scapin*. Ce dispositif dépréciatif a pour effet de dénoncer le rapport que Julie entretient avec la société dans laquelle elle vit, et de souligner le cynisme de Darcy et sa mentalité calculatrice, autant de moyens de dénier tout romanesque à ces personnages.

Des quatre nouvelles analysées, *Arsène Guillot* est la seule dont l'intrigue se déroule entièrement dans Paris, l'épisode du voyage en Italie de Max de Salligny n'intervenant que pour créer une césure temporelle dans les relations que ce personnage entretenait avec madame de Piennes et Arsène et à fournir un ressort dramatique du plus grand intérêt. C'est un Paris d'une autre nature que celui qui est le cadre des précédentes nouvelles, parce qu'il ignore « le monde », méprisé par la dévote madame de Piennes et inaccessible à Arsène. Il ne dépasse pas les limites de la paroisse de Saint-Roch et, à l'intérieur de celles-ci, un espace très réduit, la mansarde de l'héroïne étant « à trois portes » de l'hôtel de la noble dame. Cet étroit périmètre est propice à des huis-clos au cours desquels les protagonistes s'affrontent tout en étant confrontés, dans le cas de madame de Piennes et de Max, à leurs propres contradictions. La dévotion de l'une apparaît exacerbée et inopérante, la désinvolture de l'autre n'empêche pas des accès de clairvoyance et de générosité. L'analyse que déploie D.-H. Pageaux ne néglige aucun élément susceptible d'éclairer l'écriture de cette nouvelle : références à des épisodes de la vie de Mérimée ; analogies entre ces personnages et ceux de *La Double Méprise*, qui invitent à relire celle-ci sous un jour nouveau ; savant et convaincant commentaire de l'épigraphe homérique. Toutes ces considérations le conduisent à placer l'écriture de cette nouvelle dans une critique du feuilleton et de ses stéréotypes et, en fin de compte, à présenter la riche gamme des modèles suivis par Mérimée.

Dans une conclusion qui reprend le titre du volume (« Esquisses parisiennes »), D.-H. Pageaux prolonge la synthèse des chapitres précédents en l'élargissant à la totalité du corpus littéraire de Mérimée. D'une part, il démontre comment les « images parisiennes » se nourrissent d'apports extérieurs, qu'il s'agisse d'une indéniable présence de l'Espagne ou du contraste permanent entre la capitale et la province. D'autre part, il démontre tout ce que l'économie de ces textes doit à la présence, fictive ou non, d'un personnage qui, sous la forme du voyageur, de l'informateur ou du conteur complète la figure du narrateur et occulte en partie Mérimée lui-même. Pour rendre compte de ce jeu complexe, il fallait toute la sagacité du critique, qui ne cache pas l'admiration que lui inspire le jeu subtil de l'écrivain et sait la faire partager à ses propres lecteurs.

Michel GARCIA
Paris 3 – Sorbonne nouvelle

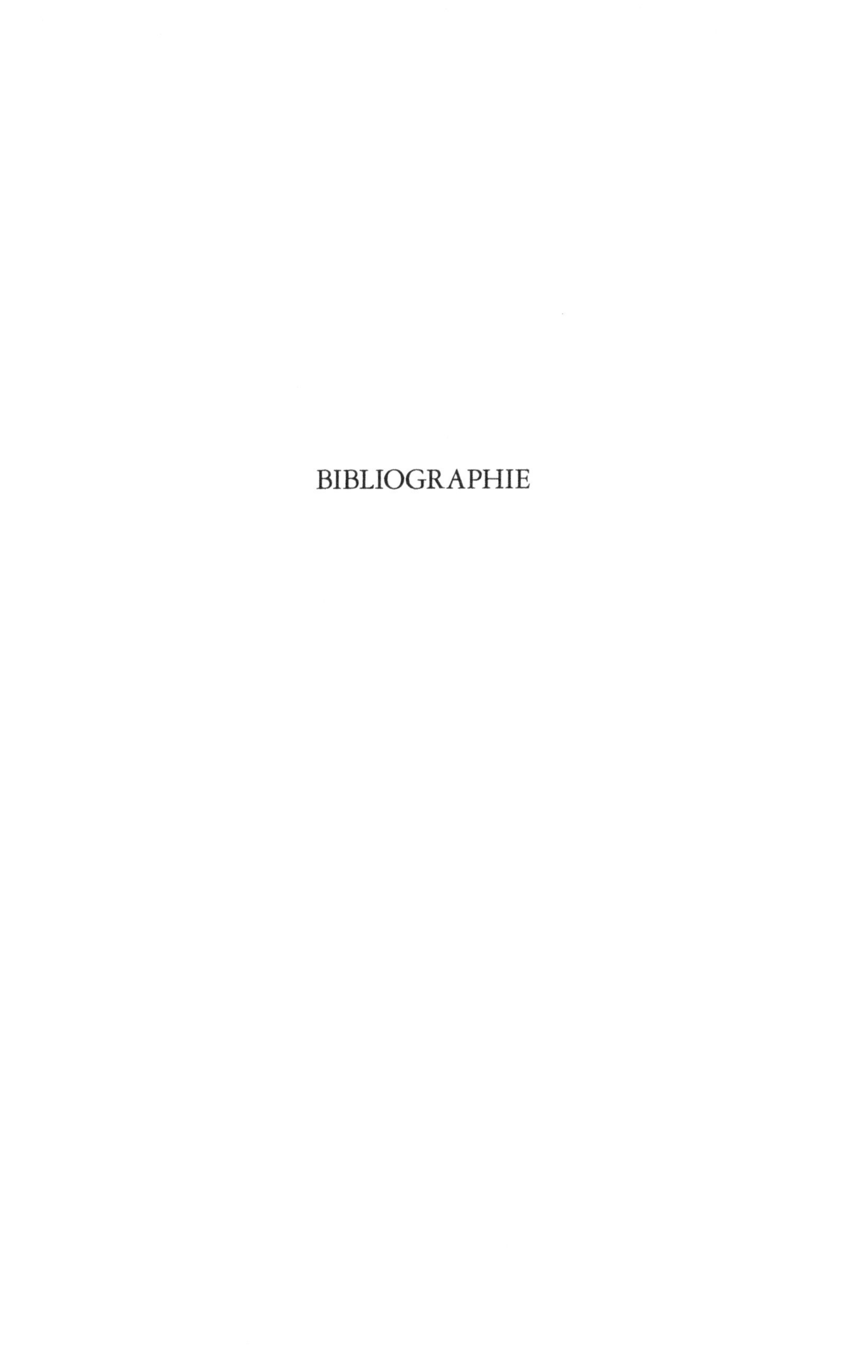

BIBLIOGRAPHIE

BIBLIOGRAPHIE DE LA CRITIQUE SUR L'ŒUVRE LITTÉRAIRE ET HISTORIQUE DE MÉRIMÉE

2020 et compléments

Cette bibliographie couvre l'année 2020, recense les éditions commentées d'œuvres de Mérimée et les études critiques, mais elle n'est pas analytique, elle ne résume ni n'évalue les études recensées.

1929

TEXTE DE MÉRIMÉE

« Quelques lettres de Prosper Mérimée sur l'Espagne », *Revue hispanique*, t. 75, n° 168, 1929, p. 596-622.

1968

ÉTUDES CRITIQUES

Bowman Frank Paul, C. R. de Robert C. Dale, *The Poetics of Prosper Mérimée*, Paris et La Haye, Mouton, 1966, 181 p. – *Modern Language Review*, vol. 63, 1968, n° 3, p. 714-715.

Lock Peter W., C. R. de Robert C. Dale, *The Poetics of Prosper Mérimée*, Paris et La Haye, Mouton, 1966, 181 p. – *The French Review*, vol. 42, 1968, n° 1, p. 158-159.

MARIÑAS OTERO Luis, « Los comienzos del turismo en España (1830-1868) » [séjours de Mérimée en Espagne, *Carmen*], *Estudios turísticos*, n° 18, 1968, p. 37-66.

SHRODER Maurice Z., C. R. de Robert C. Dale, *The Poetics of Prosper Mérimée*, Paris et La Haye, Mouton, 1966, 181 p. – *Romanic Review*, vol. 59, 1968, n° 3, p. 230.

1969

ÉTUDES CRITIQUES

DE CESARE Raffaele, C. R. d'Antoine Naaman, Mateo Falcone *de Mérimée*, Paris, Nizet, 1967, 104 p. – *Aevum*, anno XLIII, 1969, n° 5-6, p. 562.

HAIG Stirling, C. R. de Robert C. Dale, *The Poetics of Prosper Mérimée*, Paris et La Haye, Mouton, 1966, 181 p. – *L'Esprit créateur*, vol. 9, 1969, n° 1, p. 57.

MALLION Jean, C. R. d'Antoine Naaman, Mateo Falcone *de Prosper Mérimée*, Paris, Nizet, 1967, 104 p. – *Revue d'Histoire littéraire de la France*, année 69, 1969, n° 2, p. 316.

MALLION Jean, C. R. de Prosper Mérimée, *Romans et nouvelles*, éd. Maurice Parturier, Paris, Garnier Frères, 1967, 2 vol., t. I, XLII + 628 p. ; t. II, 704 p. – *Revue d'Histoire littéraire de la France*, année 69, 1969, n° 2, p. 315-316.

1972

ÉTUDE CRITIQUE

MELLON Stanley, C. R. de Alan W. Raitt, *Prosper Mérimée*, Londres, Eyre & Spottiswoode, 1970, 453 p. – *The American Historical Review*, vol. 77, 1972, n° 1, p. 157-158.

1973

ÉTUDES CRITIQUES

García Fernández Carlos, « Elogio y censura de Mérimée en su centenario », *Minervæ Bæticæ. Boletín de la Real academia sevillana de Buenas Letras*, nº 1, 1973, p. 85-92.
Gaulmier Jean, C. R. de Alan W. Raitt, *Prosper Mérimée*, Londres, Eyre & Spottiswoode, 1970, 453 p. – *Revue d'Histoire littéraire de la France*, année 73, 1973, nº 4, p. 714-715.

1976

ÉTUDE CRITIQUE

Decottignies Jean, C. R. d'Éric Gans, *Un pari contre l'histoire. Les premières nouvelles de Mérimée* (Mosaïque), Paris, Lettres Modernes Minard, 1972, 56 p. – *Revue d'Histoire littéraire de la France*, année 76, 1976, nº 1, p. 119-120.

1978

ÉTUDES CRITIQUES

Chevrel Yves, C. R. d'Éric Gans, *Un pari contre l'histoire. Les premières nouvelles de Mérimée* (Mosaïque), Paris, Lettres Modernes Minard, 1972, 56 p. – *Revue belge de Philologie et d'Histoire*, t. 56, 1978, nº 2, p. 484-485.
Knecht Edgar, C. R. de Gerd Thieltges, *Bürgerlicher Klassizismus und romantisches Theater. Untersuchungen zu den frühen Dramen Prosper Mérimées (1803-1870)*, Genève, Droz, 1975, 433 p. – *Revue d'Histoire littéraire de la France*, année 78, 1978, nº 2, p. 324-325.
Mallion Jean, C. R. d'*Europe*, numéro spécial *Prosper Mérimée*, nº 557, septembre 1975, 234 p. – *Revue d'Histoire littéraire de la France*, année 78, 1978, nº 2, p. 321-324.

1981

ÉTUDE CRITIQUE

FERRI Denise, JEOFFROY-FAGGIANELLI Pierrette, C. R. de Francesco Fiorentino, *I Gendarmi e la macchia. L'esotismo nella narrativa di Mérimée*, Padoue, Liviana Editrice, 1978, 124 p. – *Revue d'Histoire littéraire de la France*, année 81, 1981, nº 2, p. 314-315.

1982

ÉTUDE CRITIQUE

NOGUERA MENDOZA Aníbal, « Una obra colombiana de Próspero Mérimée. Primera traducción de *La Familia Carvajal* » [traduction du texte de Mérimée, avec introduction], *Boletín cultural y bibliográfico*, vol. 19, 1982, nº 3, p. 40-83.

1983

ÉTUDE CRITIQUE

COOPER Barbara T., C. R. de Jean Freustié, *Prosper Mérimée (1803-1870). Le nerveux hautain*, Paris, Hachette, 1982, 292 p. – *Nineteenth-Century French Studies*, vol. 12, 1983-1984, nº 1-2, p. 255-256.

1984

ÉTUDES CRITIQUES

COOPER Barbara T., C. R. de Jean Autin, *Prosper Mérimée. Écrivain, archéologue, homme politique*, Paris, Perrin, 1983, 350 p. – *Nineteenth-Century French Studies*, 1984, vol. 12, n° 4 et vol. 13, n° 1, p. 209-210.

LLEÓ CAÑAL Vicente, « España y los viajes románticos », *Estudios turísticos*, n° 83, 1984, p. 45-53.

1985

ÉTUDES CRITIQUES

ANON., C. R. de Jacques Chabot, *L'Autre Moi. Fantasmes et fantastique dans les Nouvelles de Mérimée*, Aix-en-Provence, Édisud, 1983, 341 p. – *Forum for Modern Language Studies*, vol. 21, 1985, n° 4, p. 387.

KILLICK Rachel, C. R. de Jacques Chabot, *L'Autre Moi. Fantasmes et fantastique dans les Nouvelles de Mérimée*, Aix-en-Provence, Édisud, 1983, 341 p. – *The Modern Language Review*, vol. 80, 1985, n° 3, p. 718-719.

1986

ÉTUDE CRITIQUE

FONYI Antonia, C. R. de Jacques Chabot, *L'Autre Moi. Fantasmes et fantastique dans les Nouvelles de Mérimée*, Aix-en-Provence, Édisud, 1983, 341 p. – *Revue d'Histoire littéraire de la France*, année 86, 1986, n° 6, p. 1131-1132.

1987

ÉTUDES CRITIQUES

HEMPEL-LIPSCHUTZ Ilse, « Andalucía, de lo vivido a lo escrito, por tres románticos franceses : François-René de Chateaubriand, Prosper Mérimée y Théophile Gautier », *La Imagen de Andalucía en los viajeros románticos y homenaje a Gerald Brenan*, Málaga, Diputación de Málaga, 1987, p. 67-100.

LÓPEZ JIMÉNEZ Luis, « *La Muerte de Carmen* de S. de Madariaga y *Carmen* de P. Mérimée. Fidelidad y recreación », *Revista de Filología románica*, n° 5, 1987-1988, p. 209-220.

1988

ÉTUDES CRITIQUES

FRAGA Fernando *et al.*, « Georges Bizet, un músico en la encrucijada » [comprend une analyse des rapports de l'opéra *Carmen* à la nouvelle de Mérimée], *Scherzo. Revista de Música*, vol. 3, n° 23, 1988, p. 67-87.

FURMAN Nelly, « The Languages of Love in *Carmen* », *Reading Opera*, éd. Arthur Groos et Roger Parker, Princeton, Princeton University Press, 1988, p. 168-183.

1990

ÉTUDES CRITIQUES

CANTOS CASENAVE Marieta, « La polémica sobre la influencia de Mérimée en el Duque de Rivas. Una pequeña aportación », *Draco. Revista de Literatura española*, n° 2, 1990, p. 185-193.

CARAMASCHI Enzo, « Le *Don Juan* de Mérimée », *Europa en España, España en Europa. Actas del Simposio internacional de literatura comparada* [Pampelune, octobre 1988], éd. Kurt Spang, Hugo Dyserinck, Ángel Raimundo Fernández González et Enrique Banús Irusta, Barcelone, Promociones y Publicaciones universitarias (PPU), 1990, p. 143-152.

1991

ÉTUDES CRITIQUES

COULONT-HENDERSON Françoise, C. R. de Muriel Augry-Merlino, *Le Cosmopolitisme dans les textes courts de Stendhal et Mérimée*, Genève, Slatkine, 1990, 308 p. – *Nineteenth-Century French Studies*, vol. 19, 1991, n° 4, p. 614.

MICHEL Arlette, C. R. de Prosper Mérimée, *Nouvelles*, éd. Michel Crouzet, Paris, Imprimerie nationale, « Lettres Françaises », 1987, 2 vol., t. I, 426 p. ; t. II, 416 p. – *Revue d'Histoire littéraire de la France*, année 91, 1991, n° 2, p. 258-260.

1993

ÉTUDE CRITIQUE

OLMOS ROMERA Ricardo, « Arqueología soñada. *La Venus de Ille* de Próspero Mérimée », *Revista de Arqueología*, año 14, n° 149, 1993, p. 48-53.

1994

ÉTUDES CRITIQUES

ANON., C. R. de Peter Cogman, *Mérimée :* Colomba *and* Carmen, Londres, Grant & Cutler, « Critical Guides to French Texts », 1992, 77 p. – *Forum for Modern Language Studies*, vol. 30, 1994, n° 1, p. 81.

CRECELIUS Kathryn J., C. R. de Peter Cogman, *Mérimée :* Colomba *and* Carmen, Londres, Grant & Cutler, « Critical Guides to French Texts », 1992, 77 p. – *Nineteenth-Century French Studies*, vol. 22, 1994, n° 3, p. 577.

1995

ÉTUDES CRITIQUES

GABBA Emilio, « Prosper Mérimée storico di Roma », *Cultura classica e storiografia moderna*, Bologne, Il Mulino, 1995, p. 141-160. [Reprise d'un texte originellement paru en 1956, voir *Bibliographie* de Dubé, n° 931.]

GOULD Evlyn, « Prosper Mérimée Is Thinking the Revolution » [*Carmen*], *The French Revolution of 1789 and Its Impact*, éd. Gail M. Schwab et John R. Jeanneney, Westport (Connecticut), Greenwood Press, 1995, p. 135-145.

1996

ÉTUDES CRITIQUES

ANNEQUIN Jacques, « César, paradigme du héros mériméen », *L'Incidenza dell'antico. Studi in memoria di Ettore Lepore*, éd. Luisa Breglia Pulci Doria, Naples, Luciano Editore, 1996, t. II, p. 67-82.

ANNEQUIN Jacques, « La parole froide de Mérimée sur l'esclavage (*Tamango* 1829) », *Captius i esclaus a l'antiguitat i al món modern. Actes del XIX colloqui internacional del GIREA*, éd. María Luisa Sánchez León et Gonçal López Nadal, Naples, Jovene Editore, 1996, p. 407-430.

AUCHINCLOSS Louis, « Prosper Mérimée », *The Man Behind the Book. Literary Profiles*, Boston, Houghton Mifflin, 1996, p. 8-13.

BERNARD Claudie, *Le Passé recomposé. Le roman historique français du dix-neuvième siècle*, Paris, Hachette supérieur, 1996, 320 p. [Références à Mérimée et analyse de *Chronique du règne de Charles IX*.]

1997

ÉTUDES CRITIQUES

DIEGO MARTÍNEZ Rosa de, « El tema de España en *La Vénus d'Ille* de Mérimée », *Narrativa fantástica del siglo XIX (España e Hispanoamérica)*, éd. Jaume Pont Ibáñez, Lleida, Editorial Milenio, 1997, p. 77-88.

DI FEBO Giuliana, « La Spagna pittoresca. Banditi e viaggiatori » [rôle du pittoresque chez les voyageurs en Andalousie], *Spagna contemporanea*, n° 11, 1997, p. 17-30.

GUY Basil, C. R. de Mary B. Collier, *La Carmen essentielle et sa réalisation au spectacle*, New York, Peter Lang, 1994, 194 p. – *L'Esprit créateur*, vol. 37, 1997, n° 3, p. 97.

REBOUL Anne-Marie, « Les deux *Don Juan* de Mérimée » [*Les Âmes du purgatoire*], *Thélème. Revista complutense de estudios franceses*, n° 12, 1997, p. 265-273.

SÁNCHEZ RODRÍGUEZ Alfonso, « *La Vénus d'Ille* de Mérimée y *El Beso* de Bécquer. Análisis comparativo de dos cuentos fantásticos », *Narrativa fantástica del siglo XIX (España e Hispanoamérica)*, éd. Jaume Pont Ibáñez, Lleida, Editorial Milenio, 1997, p. 195-212.

VALDERREY REÑONES Cristina, « *La Vénus d'Ille* de Mérimée. Evolución de las traducciones al español », *Livius. Revista de estudios de traducción*, n° 10, 1997, p. 191-200.

1998

ÉTUDE CRITIQUE

MONTACLAIR Florent, « Vers une critique post-formaliste du fantastique » [III. « La littérature du surnaturel et le jeu de l'intellect : *Lokis*, le jeu sur la morale »], *Aspects de la critique*, éd. Ian Pickup et Philippe Baron, Besançon, Presses universitaires de Franche-Comté, 1998, p. 39-53.

1999

ÉTUDES CRITIQUES

Anon., C. R. de Claudie Bernard, *Le Passé recomposé. Le roman historique français du dix-neuvième siècle*, Paris, Hachette, 1996, 320 p. – *Forum for Modern Language Studies*, vol. 35, 1999, n° 3, p. 331.

Delgado [Cabrera] Arturo, « Mérimée ethnologue » [*Carmen*], *Relaciones culturales entre España, Francia y otros países de lengua francesa. VII Coloquio de la Asociación de Profesores de Filología francesa de la Universidad española*, s. e., Cadiz, Université de Cadiz, 1999, vol. 1, p. 139-150.

Félix Fernández Leandro, « El contexto como factor de coherencia textual. Un caso particular : *Carmen* de Mérimée », *Lengua y cultura. Estudios en torno a la traducción. Volumen II de las actas de los VII Encuentros complutenses en torno a la traducción*, éd. Miguel Ángel Vega Cernuda et Rafael Martín-Gaitero, Madrid, Université Complutense de Madrid, 1999, p. 595-602.

Frigerio Vittorio, C. R. de Khama-Bassili Tolo, *L'Intertextualité chez Mérimée. L'étude des sauvages*, Birmingham, Alabama, Summa Publications, 1998, 315 p. – *Dalhousie French Studies*, n° 48, 1999, p. 190-191.

Frigerio Vittorio, C. R. de Pierre H. Dubé, *Bibliographie de la critique sur Madame de Staël 1789-1994*, Genève, Droz, 426 p. et *id.*, *Bibliographie de la critique sur Prosper Mérimée 1825-1993*, Genève, Droz, 1994, 400 p. – *Dalhousie French Studies*, n° 48, 1999, 189-190.

2001

ÉTUDES CRITIQUES

Cogman Peter, C. R. de Clarisse Réquéna, *Unité et dualité dans l'œuvre de Prosper Mérimée : mythe et récit*, Paris, Champion, 2000, 446 p. – *The Modern Language Review*, vol. 96, 2001, n° 4, p. 1087.

Menéndez Ayuso Emilio, Delgado Cabrera Arturo, « Saynète, opérette, fête. En torno a Mérimée y Offenbach » [*Le Carrosse du Saint-Sacrement*], *Écrire, traduire et représenter la fête. VIII Coloquio de la Asociación de Profesores de Filología francesa de la Universidad española*, éd. Domingo Pujante González,

Elena Real Ramos, Dolores Jiménez Plaza et Adela Cortijo Talavera, Valence, Université de Valence, 2001, p. 145-155.

RAMÍREZ GÓMEZ Carmen, « *Carmen* de Mérimée. Autorepresentación y representación de la Historia », *Mujer, cultura y comunicación. Realidades e imaginarios. IX Simposio Internacional de la Asociación andaluza de Semiótica*, s. e., Séville, Alfar, 2001, p. 708-716.

2002

ÉTUDES CRITIQUES

CANTERA ORTIZ DE URBINA Jesús, « Las cartas de Próspero Mérimée en relación con sus viajes a España » [L'Espagne dans la correspondance de Mérimée], *L'Ull crític*, n° 7, 2002, p. 85-94.

GARCÍA AÑOVEROS Jesús, C. R. de Carmen de Reparaz, *Tauromáquia romántica. Viajeros por España. Mérimée, Ford, Gautier, Dumas 1830-1864*, Madrid, Ediciones del Serbal, 2000, 359 p. – *Archivo español de arte*, vol. 75, n° 298, 2002, p. 220.

HÖLZ Karl, « Der befangene Blick auf die Zigeunerkultur. Männliche Wunsch- und Angstvisionen in Prosper Mérimées *Carmen* » [Représentation de la culture gitane dans *Carmen*], *Zigeuner, Wilde und Exoten. Fremdbilder in der französischen Literatur des 19. Jahrhunderts*, Berlin, Erich Schmidt Verlag, 2002, p. 103-129.

WHYTE Peter, C. R. de Clarisse Réquéna, *Unité et dualité dans l'œuvre de Prosper Mérimée : mythe et récit*, Paris, Champion, 2000, 446 p. – *French Studies*, vol. 56, 2002, n° 1, p. 108-109.

2003

ÉTUDES CRITIQUES

RAMÍREZ GÓMEZ Carmen, « *Carmen* de Mérimée. Del relato emblemático de lo español a una estética de la ruptura », *Estudios filológicos alemanes. Revista del Grupo de Investigación Filología alemana*, n° 3, 2003, p. 437-446.

SOLAR CUBILLAS David, « Mérimée, un genio de la fabulación », *La Aventura de la historia*, n° 59, 2003, p. 40-45.

2004

ÉTUDES CRITIQUES

ALMELA I VIVES Francesc, « La "Carmen" de Mérimée era valenciana », *Debats. Revista de cultura, poder i societat*, n° 85, 2004, p. 91-105.

ARAUJO Norman, « Mérimée, Prosper 1803-1870 », *Encyclopedia of the Romantic Era, 1760-1850*, éd. Christopher John Murray, New York, Fitzroy Dearborn, 2004, vol. 2, p. 732-734.

BAGULEY David, « Pushkin and Mérimée, the French Connection : On Hoaxes and Impostors », *Two Hundred Years of Pushkin*, vol. III : *Pushkin's Legacies*, éd. Robert Reid et Joe Andrew, Amsterdam, Rodopi, 2004, p. 177-191.

2005

ÉTUDES CRITIQUES

ARNAL GELY Anne-Marie, « Mérimée. En busca de Carmen y su mito », *Transitions. Journal of Franco-Iberian Studies*, n° 1, 2005, p. 35-48.

AUCHINCLOSS Louis, « Prosper Mérimée », *Writers and Personality*, Columbia, University of South Carolina Press, 2005, p. 57-58.

BERTHIER Patrick, C. R. de Prosper Mérimée, *Plays on Hispanic Themes. Carvajal's Family. The Gilded Coach. The Opportunity. Inès Mendo*, trad. et éd. Oscar Mandel, New York, Peter Lang, 2003, 205 p. – *Revue d'Histoire littéraire de la France*, année 105, 2005, n° 2, p. 466-467.

BOUGUERRA Mohamed Ridha, « La permanence de la figure de la bohémienne » [*Carmen*], *La Bohémienne. Figure poétique de l'errance aux XVIIIe et XIXe siècles*, éd. Pascale Auraix-Jonchière et Gérard Loubinoux, Clermont-Ferrand, Presses universitaires Blaise-Pascal, 2005, p. 65-83.

COGMAN Peter, C. R. de Christian Chelebourg, *Prosper Mérimée, le sang et la chair. Une poétique du sujet*, Paris et Caen, Lettres Modernes Minard, 2003, 160 p. – *French Studies*, vol. 59, 2005, n° 4, p. 554.

COGMAN Peter, C. R. de Prosper Mérimée, *Plays on Hispanic Themes. Carvajal's Family. The Gilded Coach. The Opportunity. Inès Mendo*, trad. et éd. Oscar Mandel, New York, Peter Lang, 2003, 205 p. – *Modern Language Review*, vol. 100, 2005, n° 3, p. 822-823.

CROPPER Corry, C. R. de Christian Chelebourg, *Prosper Mérimée, le sang et la chair. Une poétique du sujet*, Paris et Caen, Lettres Modernes Minard, 2003, 160 p. – *Nineteenth-Century French Studies*, vol. 34, 2005-2006, n° 1-2, p. 192-194.

PERRIAM Chris, DAVIES Ann éd., *Carmen. From Silent Film to MTV*, Amsterdam, Rodopi, 2005, 224 p.

2006

ÉTUDES CRITIQUES

BRIGGS Tony, « Mérimée and the Provenance of *Carmen* », *Times Literary Supplement*, n° 5400, 29 septembre 2006, p. 17.

CARPENTER Scott D., C. R. de Christian Chelebourg, *Prosper Mérimée, le sang et la chair. Une poétique du sujet*, Paris et Caen, Lettres Modernes Minard, 2003, 160 p. – *The French Review*, vol. 79, 2006, n° 4, p. 837-838.

COGMAN Peter, « Mérimée and the Provenance of *Carmen* », *Times Literary Supplement*, n° 5402, 13 octobre 2006, p. 19.

DAVIES Ann, POWRIE Phil éd., Carmen *on Screen. An Annotated Filmography and Bibliography*, Woodbridge, Tamesis Books, 2006, 152 p.

FONYI Antonia, C. R. de Christian Chelebourg, *Prosper Mérimée, le sang et la chair. Une poétique du sujet*, Paris et Caen, Lettres Modernes Minard, 2003, 160 p. – *Revue d'Histoire littéraire de la France*, année 106, 2006, n° 1, p. 205-206.

RODRÍGUEZ NAVARRO María Victoria, « Hugo y Mérimée. Entre la España imaginada y la España vivida », *La Cultura del otro. Español en Francia, francés en España*, éd. Manuel Bruña Cuevas, María de Gracia Caballos Bejano, Inmaculada Illanes Ortega, Carmen Ramírez Gómez et Anna Raventós Barangé, Séville, Université de Séville, 2006, p. 667-677.

SENTAURENS Jean, « La España de Mérimée les sienta demasiado bien a los españoles. El fabuloso destino del "cuentecillo gracioso" de la Señora de Montijo » [*Carmen*], *La Cultura del otro. Español en Francia, francés en España*, éd. Manuel Bruña Cuevas, María de Gracia Caballos Bejano, Inmaculada Illanes Ortega, Carmen Ramírez Gómez et Anna Raventós Barangé, Séville, Université de Séville, 2006, p. 1-14.

SOLER PASCUAL Emilio, « El trabuco romántico. Viajeros franceses y bandoleros españoles en la Andalucía del siglo XIX » [sur *Carmen* et les *Lettres d'Espagne*], *La Cultura del otro. Español en Francia, francés en España*, éd. Manuel Bruña Cuevas, María de Gracia Caballos Bejano, Inmaculada Illanes Ortega, Carmen Ramírez Gómez et Anna Raventós Barangé, Séville, Université de Séville, 2006, p. 687-699.

2007

TEXTE DE MÉRIMÉE

La Vénus d'Ille. Nouvelle, éd. Thanh-Vân Ton-That, Paris, Larousse, « Petits classiques Larousse », 2007, 123 p.

ÉTUDES CRITIQUES

CARPENTER Scott D., C. R. de *Littératures*, numéro spécial *Mérimée à découvrir*, éd. Antonia Fonyi, n° 51, 2004, 242 p. – *The French Review*, vol. 80, 2007, n° 5, p. 1126-1127.

SUÁREZ SÁNCHEZ Elena, « Don Juan y Carmen de Mérimée : un reto de miradas », *Logosphère. Revista de Estudios lingüísticos y literarios*, n° 3, 2007, p. 139-156.

2008

TEXTES DE MÉRIMÉE

Carmen, éd. Laurent Susini, Paris, Larousse, « Petits Classiques Larousse », 2008, 155 p.

Colomba, éd. Yann Le Lay et Mireille Morilhat, Paris, Larousse, « Petits Classiques Larousse », 2008, 287 p. [Reprise de l'édition de 1999.]

ÉTUDES CRITIQUES

ANDREU MIRALLES Xavier, « *Y no la de Mérimée...* El mito romántico de España y la identidad nacional española », *I Encuentro de jóvenes investigatores en Historia contemporánea de la Asociación de Historia contemporánea*, éd. Oscar Aldunate León, Iván Heredia Urzáiz, Saragosse, Prensas Universitarias de Zaragoza, 2008, s. p. [Une version du texte est disponible à l'adresse suivante : https://ifc.dpz.es/recursos/publicaciones/27/15/29.xavierandreu.pdf (consultée le 6 février 2022).]

BAYNAT MONREAL María Elena, « La española en la literatura de viajes del siglo XIX. La intertextualidad entre los relatos de viaje por España de Théophile Gautier, Alexandre Dumas y *Carmen* de Mérimée », *Intertexto y polifonía. Homenaje a Mª Aurora Aragón*, éd. Flor María Bango de La Campa, Antonio Niembro Prieto et Emma Álvarez Prendes, Oviedo, Servicio de Publicaciones de la Universidad de Oviedo, 2008, vol. 1, p. 141-148.

CANTERO NÚÑEZ Estanislao, « Literatura, religión y política en la Francia del siglo XIX », *Verbo. Revista de formación cívica y de acción cultural, según el derecho natural y cristiano*, nº 463-464, 2008, p. 203-232.

GARCÍA PRADAS Ramón, « La reescritura del mito del licántropo en *Bisclavret* de Marie de France y en *Lokis* de Mérimée », *Reescrituras de los mitos en la literatura. Estudios de mitocritica y de literatura comparada*, éd. Juan Herrero Cecilia et Montserrat Morales Peco, Cuenca, Ediciones de la Universidad de Castilla-La Mancha, 2008, p. 497-516.

HAGEMANN BACKES Karin Lilian, « "Conto de escola". Mérimée em Machado de Assis » [l'influence de *Mateo Falcone* sur un texte de l'écrivain brésilien], *Revista de Letras*, vol. 48, 2008, nº 2, p. 33-47. [Paru aussi dans *Lusofonia. Tempo de Reciprocidades. IX Congresso da Associação Internacional de Lusitanistas, Madeira, 4 a 9 de agosto de 2008*, éd. Helena Rebelo, Porto, Ediçôes Afrontamento, 2011, vol. 2, p. 217-228.]

MILLER Christopher L., « Tamango Around the Atlantic. Concatenations of Revolt », *The French Atlantic Triangle. Literature and Culture of the Slave Trade*, Durham, Duke University Press, 2008, p. 179-245.

VERA BALANZA María Teresa, MELÉNDEZ MALAVÉ Natalia, « El mito de Carmen. Exotismo, romanticismo e identidad », *Ambitos. Revista internacional de comunicación*, nº 17, 2008, p. 343-354. [Également publié dans *Esfera*, nº 1, 2009, s. p.]

2009

ÉTUDES CRITIQUES

ANDIOC René, « Dos juicios gemelos sobre Cienfuegos » [concerne les articles du *Globe* sur le théâtre espagnol attribués à Mérimée], *Cuadernos dieciochistas*, nº 10, 2009, p. 111-117.

COGMAN Peter, C. R. de Corry Cropper, *Playing at Monarchy. Sport as Metaphor in Nineteenth-Century France*, Lincoln, University of Nebraska Press, 2008, 247 p. – *Times Literary Supplement*, nº 5529, 20 mars 2009, p. 33.

FORREST Jennifer, C. R. de Corry Cropper, *Playing at Monarchy. Sport as Metaphor in Nineteenth-Century France*, Lincoln, University of Nebraska Press, 2008, 247 p. – *Nineteenth-Century French Studies*, vol. 38, 2009, nº 1-2, p. 113-115.

GUTTMAN Allen, C. R. de Corry Cropper, *Playing at Monarchy. Sport as Metaphor in Nineteenth-Century France*, Lincoln, University of Nebraska Press, 2008, 247 p. – *Choice*, vol. 46, 2009, nº 9, p. 1744.

VELOSO SANTAMARIA Isabel, « Mérimée, Prosper », *Diccionario histórico de la traducción en España*, éd. Francisco Lafarga et Luis Pegenaute, Madrid, Gredos, 2009, p. 781-783.

2010

ÉTUDES CRITIQUES

BAGULEY David, C. R. de Scott Carpenter, *Aesthetics of Fraudulence in Nineteenth-Century France. Frauds, Hoaxes and Counterfeits*, Farnham, Ashgate, 2009, 190 p. – *French Studies*, vol. 64, 2010, nº 4, p. 496-497.

BERNARD Claudie, C. R. de Kris Vassilev, *Le Récit de vengeance au XIXe siècle. Mérimée, Dumas, Balzac, Barbey d'Aurevilly*, Toulouse, Presses universitaires du Mirail, 2008, 212 p. – *Nineteenth-Century French Studies*, vol. 38, 2010, nº 3, p. 289-290.

ENTRENA DURÁN Francisco, « Entre el conservadurismo y la idealización romántica. La España tradicional en el imaginario social y literario », *Barataria. Revista castellano-manchega de ciencias sociales*, nº 11, 2010, p. 57-72.

LACOUTURE Jean, « Carmen, Mérimée, Bizet. Liens entre les cultures espagnole et française », *Synergies Espagne*, nº 3, 2010, p. 207-214.

MARTENS David, « Au miroir de la pseudo-traduction. Ironisation du traduire et traduction de l'ironie » [traite du *Théâtre de Clara Gazul* et de *La Guzla*], *Linguistica antverpiensia*, n° 9, 2010, p. 195-211.

UTRERA MACÍAS Rafael, GUARINOS Virginia éd., *Carmen global. El mito en las artes y los medios audiovisuales*, Séville, Publicaciones de la Universidad de Sevilla, 2010, 393 p.

2011

ÉTUDES CRITIQUES

ABRAMSON Julia, C. R. de Scott Carpenter, *Aesthetics of Fraudulence in Nineteenth-Century France. Frauds, Hoaxes and Counterfeits*, Farnham, Ashgate, 2009, 190 p. – *Nineteenth-Century French Studies*, vol. 40, 2011, n° 1, p. 172-174.

ARROUS Michel, C. R. de Scott Carpenter, *Aesthetics of Fraudulence in Nineteenth-Century France. Frauds, Hoaxes and Counterfeits*, Farnham, Ashgate, 2009, 190 p. – *Studi francesi*, fasc. 164, anno LV, avril-juin 2011, p. 432-433.

CHRISTIANSEN Hope, C. R. de Corry Cropper, *Playing at Monarchy. Sport as Metaphor in Nineteenth-Century France*, Lincoln, University of Nebraska Press, 2008, 247 p. – *The French Review*, vol. 84, 2011, n° 6, p. 1285-1286.

GONZÁLEZ HERRÁN José Manuel, « La cigarrera y el militar. *Carmen* (1845) de P. Mérimée ; *La Tribuna* (1883) de Emilia Pardo Bazán y algunos textos más », *La Literatura española del siglo XIX y las literaturas europeas*, éd. Enrique Rubio Cremades, Marisa Sotelo Vázquez, Virginia Trueba Mira et Blanca Ripoll Sintes, Barcelone, Promociones y Publicaciones Universitarias (PPU), 2011, p. 193-206.

KELLY Dorothy, C. R. de Scott Carpenter, *Aesthetics of Fraudulence in Nineteenth-Century France. Frauds, Hoaxes and Counterfeits*, Farnham, Ashgate, 2009, 190 p. – *The French Review*, vol. 84, 2011, n° 5, p. 1030-1031.

SPRENGER Scott, C. R. de Scott Carpenter, *Aesthetics of Fraudulence in Nineteenth-Century France. Frauds, Hoaxes and Counterfeits*, Farnham, Ashgate, 2009, 190 p. – *French Forum*, vol. 36, 2011, n° 2-3, p. 257-260.

2012

TEXTE DE MÉRIMÉE

Mateo Falcone, Paris, Librio, 2012, 96 p.

ÉTUDES CRITIQUES

ANON., C. R. de Scott Carpenter, *Aesthetics of Fraudulence in Nineteenth-Century France. Frauds, Hoaxes and Counterfeits*, Farnham, Ashgate, 2009, 190 p. – *Forum for Modern Language Studies*, vol. 48, 2012, n° 4, p. 488.

FILHOL Benoît, « La Perricholi desde Prosper Mérimée hasta Ventura García Calderón. Un mito literario de la independencia del Perú », *Literatura de la independencia e independencia de la literatura en el mundo latinoamericano*, éd. José Carlos Rovira Soler et Víctor Manuel Sanchis Amat, Lleida, Asociación Española de Estudios Literarios Hispanoamericanos (AEELH), 2012, p. 207-218.

STEPIEN Victor, C. R. de Corry Cropper, *Playing at Monarchy. Sport as Metaphor in Nineteenth-Century France*, Lincoln, University of Nebraska Press, 2008, 247 p. – *French Forum*, vol. 37, 2012, n° 3, p. 241-243.

DIEHL RODRIGUEZ Adalberto, « *Carmen* de Mérimée e Bizet. Um olhar francês sobre a Espanha », *Narrativas audiovisuales. Convergencia mediática, transnacionalización e intercambio cultural*, éd. Virginia Guarinos et María Jesús Ruiz Muñoz, Séville, Université de Séville / Secretariado de Recursos Audiovisuales y Nuevas Tecnologías, 2012, p. 503-515. [Repris dans *Comunicación. Revista internacional de comunicación audiovisual, publicidad y estudios culturales*, n° 10, 2012, p. 426-438.]

2015

ÉTUDES CRITIQUES

SERRANO PASCUAL Mariano, « Y no la de Mérimée. Las antiguas fábricas de tabaco. Patrimonio industrial y memoria del trabajo femenino » [contextualisation de la figure de Carmen par l'histoire des manufactures de tabac espagnoles], *Revista del Ministerio de Fomento*, n° 653, septembre 2015, p. 38-47.

ZARCO Julieta, « *Cármenes*. Amadori, Saura », *Rassegna iberistica*, n° 103, 2015, p. 65-78.

2016

ÉTUDES CRITIQUES

ANDREU MIRALLES Xavier, *El Descubrimiento de España. Mito romántico e identidad nacional* [aborde la représentation de l'Espagne chez Mérimée], Barcelone, Taurus, 2016, 396 p.

AZIZA Claude, « Prosper Mérimée. *Histoires de monstres et de revenants* », *Vivre l'antiquité. Recueil de préfaces et autres textes*, Pessac, Ausonius Éditions, 2016, p. 195-199. [Reprise de la préface à l'édition de poche chez Pocket en 2003.]

DESPOIS Eugène, « Agrippa d'Aubigné et ses nouveaux éditeurs, MM. Lalanne, Mérimée, Charles Read », *Albineana*, n° 28, 2016, p. 157-171.

2017

TEXTE DE MÉRIMÉE

La Vénus d'Ille et autres nouvelles [contient également *Vision de Charles XI*, *Il Viccolo di Madama Lucrezia*, *La Perle de Tolède* et *Federigo*], Paris, Librio, 2017, 128 p.

2018

TEXTES DE MÉRIMÉE

Carmen, éd. Sophie Sallandrouze, Paris, Flammarion, « Étonnants Classiques », 2018, 207 p. [Réimpression de l'édition revue et augmentée en 2006 (première édition en 2002).]

La Vénus d'Ille, suivie de *Djoumâne* et *Les Sorcières espagnoles*, Paris, Presses Pocket, « Pocket classiques », 2018, 90 p.

ÉTUDES CRITIQUES

ALBES Claudia, « Unheimliche Antike. Zu Mérimées Novelle *La Vénus d'Ille* », *Literatura – Konteksty*, vol. 4 : *Literatura a rzeźba / Literatur und Skulptur*, éd. Joanna Godlewicz-Adamiec et Tomasz Szybisty, avec la collaboration de Bruno Arich-Gerz et Dominika Wyrzykiewicz, Cracovie, Université pédagogique de la Commission nationale de l'éducation et Varsovie, Université de Varsovie, 2018, p. 251-261.

BODY Jacques, C. R. de Jean Canavaggio, *Les Espagnes de Mérimée*, Madrid, Centro de Estudios Europa Hispanica, 2016, 391 p. – *Europe*, nº 1068, 2018, p. 374-375.

COROBAN Vasile, « La centenarul lui Prosper Mérimée », *Studii, articole, eseuri*, éd. Mihai Papuc, Chişinău (Moldavie), Editura Ştiinţa, 2018, p. 265-279. [Reproduit un essai sur Mérimée à l'occasion du centenaire de sa mort publié pour la première fois en 1977.]

MARIÉ LIGER Fabienne, « Réécritures de Don Juan. Le charmeur charmé ou la naissance d'un héros moderne » [*Les Âmes du purgatoire*], *Le Charme, de l'Antiquité à nos jours*, éd. Géraldine Puccini, Pessac, Presses universitaires de Bordeaux, « Eidôlon », 2018, p. 191-201. [Cité par erreur pour 2019 dans les *Cahiers Mérimée*, nº 13.]

2019

TEXTES DE MÉRIMÉE

4 nouvelles réalistes sur l'argent [*La Partie de trictrac*], éd. Monique Busdongo et Véronique Joubert-Fouillade, Paris, Nathan, « Carrés classiques Collège », 2019, 147 p.

La Jacquerie, préface de Louis Aragon [1947], Paris, Éditions Delga, 2019, 226 p.

La Vénus d'Ille, Th. Gautier, P. Mérimée, E. Poe, *Arria Marcella. Le Pied de momie. La Vénus d'Ille. Petite Discussion avec une momie*, Vanves, Librairie générale française, « Le Livre de poche jeunesse », 2019, 160 p.

ÉTUDE CRITIQUE

LEDDA Sylvain, « Charles IX de Chénier à Chéreau. L'homme blessé du romantisme » [*Chronique du règne de Charles IX*], *La Renaissance au grand large. Mélanges en l'honneur de Frank Lestringant*, éd. Véronique Ferrer, Olivier Millet et Alexandre Tarrête, Genève, Droz, 2019, p. 681-694.

2020

TEXTES DE MÉRIMÉE

Colomba, dossier pédagogique de Nora Roberts, Paris, Librio, 2020, 224 p.

FONYI Antonia, « Lettre inédite de Mérimée [à Michel Lévy] du 16 février [1867] », *Cahiers Mérimée*, n° 12, 2020, p. 155-160.

Tamango, La-Neuville-aux-Joûtes, Jacques Flament alternative éditoriale, 2020, 62 p.

ÉTUDES CRITIQUES

ANGELONE Concetta Rita, « *La Femme du midi dans les nouvelles de Stendhal et de Mérimée : Nature, caractère et passions* » [résumé de thèse], *Cahiers Mérimée*, n° 12, 2020, p. 145-152.

ANGELONE Concetta Rita, « Femmes du midi chez Stendhal et Mérimée », *H. B. Revue internationale d'Études stendhaliennes*, n° 24, 2020, p. 257-292.

ARROUS Michel, C. R. de Prosper Mérimée, *Mateo Falcone et autres nouvelles*, présentation d'Antonia Fonyi, Paris, Flammarion, « GF », 2019, 322 p. – *Studi francesi*, 190 (LXIV | I) 2020, p. 195-196.

BONNOT-GALLUCCI Valécien, « L'Adaptation du *Colomba* de Prosper Mérimée par Germaine Dulac. Reconstituer par les archives un projet de film inachevé », *1895. Mille huit cent quatre-vingt-quinze*, n° 91, 2020, p. 132-145.

BOURDENET Xavier, BONAFOS Alexandre, « Bibliographie de la critique sur l'œuvre littéraire et historique de Mérimée 2018 et compléments », *Cahiers Mérimée*, n° 12, 2020, p. 163-167.

BRUSCHI Filippo, « *La Jaquerie.* Une tragédie romantique juste avant la "fin de l'histoire" », *Romanica Wratislaviensia*, n° 67, 2020, p. 65-75.

CANAVAGGIO Jean, « El teatro de Cervantes desde la mirada de Prosper Mérimée », *eHumanista Cervantes*, vol. 8, 2020, p. 1-8. [Disponible en ligne : https://www.ehumanista.ucsb.edu/cervantes/volumes/8 (consulté le 7 mars 2022).]

CHEVAUCHÉ Sylvain, RÉQUÉNA Clarisse, « Lieux mériméens en Roussillon. Quelques éléments nouveaux », *H. B. Revue internationale d'Études stendhaliennes*, n° 24, 2020, p. 227-241.

CVETKO Nicolas, « D'Ille et duelle. Mérimée selon Bava », *Cahiers Mérimée*, n° 12, 2020, p. 119-141.

EISENZWEIG Uri, « Thinking Outside the Box [sur *La Vénus d'Ille*] », *InterCriPol. Revue de Critique policière*, n° 2, décembre 2020. [Disponible en ligne : http://intercripol.org/fr/thematiques/critique-policiere/thinking-outside-the-box-ou-resoudre-le-mystere-de-la-venus-d-ille.html (consulté le 07 mars 2022).]

FONYI Antonia, « "À présent, je n'aime plus rien". *Carmen* : l'*archè* entrevue par une lacune du récit », *Cahiers Mérimée*, n° 12, 2020, p. 37-55.

FONYI Antonia, RABAU Sophie, « "À présent, je n'aime plus rien" », *Cahiers Mérimée*, n° 12, 2020, p. 11.

FURMAN Nelly, *Georges Bizet's* Carmen, Oxford, Oxford University Press, « Oxford Keynotes », 2020, 152 p.

HEREDIA MARTÍNEZ Carmen, « An Approach to the Construction of the Myth of the Spanish Gypsy Woman. From *La Gitanilla* by Cervantes to the nudes in the aestetic [*sic*] of Julio Romero de Torres », *Conference Proceedings CIVAE 2020, 2nd Interdisciplinary and Virtual Conference on Arts in Education, October 28-29, 2020*, Madrid, MusicoGuia, 2020, p. 379-383.

LAMPRE Caroline, *Impératrice Eugénie, Madame de la Rhune* [biographie abordant les liens entre Mérimée et l'impératrice Eugénie], Bayonne, Atlantica, 2020, 143 p.

LAURENT Thierry, « Prosper Mérimée et la Pologne », *Cahiers ERTA*, n° 24, 2020, p. 89-102. [Disponible en ligne : https://www.ejournals.eu/CahiersERTA/2020/Numero-24/art/18404/ (consulté le 6 février 2022).]

LORUSSO Silvia, « Vérités romantiques et dévoilements tragiques » [*La Double Méprise* et *Le Vase étrusque*], *RIEF. Revue italienne d'Études françaises*, n° 10, 2020. [Disponible en ligne : https://journals.openedition.org/rief/6571?lang=en (consulté le 7 mars 2022).]

LOZIER Claire, MARC Isabelle éd., *Carmen revisitée / revisiter Carmen. Nouveaux visages d'un mythe transversal*, Bruxelles, Peter Lang, 2020, 180 p.

OZWALD Thierry, « À propos d'une aquarelle retrouvée. Autour de Mérimée et de la Franche-Comté », *Cahiers Mérimée*, n° 12, 2020, p. 77-100.

PAGEAUX Daniel-Henri, « *L'Abbé Aubain*, un couple attachant », *Cahiers Mérimée*, n° 12, 2020, p. 57-76.

PASCO Allan H., « Sequence Framed in Mérimée's *Carmen* », *The Nineteenth-Century French Short Story. Masterpieces in Miniature*, New York / London, Routledge, 2020, p. 72-89.

RABAU Sophie, « "À présent, je n'aime plus rien". *Carmen* : construire le manque », *Cahiers Mérimée*, n° 12, 2020, p. 13-35.

RÉQUÉNA Clarisse, « Le "Miro" de *La Vénus d'Ille* à la cathédrale d'Elne ? », *H. B. Revue internationale d'Études stendhaliennes*, n° 24, 2020, p. 301-303.

RÉQUÉNA Clarisse, « *Corinne* de Mme de Staël dans *Colomba* de Mérimée », *H. B. Revue internationale d'Études stendhaliennes*, n° 24, 2020, p. 203-209.

ROBIN Mathilde, « Approche narratologique à la transmodalisation de *Carmen*. Du récit littéraire à l'opéra », *Anales de Filología francesa*, n° 28, 2020, p. 555-580.

RUIZ CASTEL Julia, « *Carmen* y el sabotaje en el *ballet* », *Quaderns de Filologia. Estudis literaris*, n° 25, 2020, p. 171-186.

SATURENNE Thierry, « Mettre en scène *Carmen*. De quelques infidélités fécondes », *Cahiers Mérimée*, n° 12, 2020, p. 101-117.

SMITH LANGHAM Richard, *Bizet's* Carmen *Uncovered*, Woodbridge, The Boydell Press, 2020, 340 p.

SMITH LANGHAM Richard, ROWDEN Clair éd., *Carmen Abroad. Bizet's Opera on the Global Stage*, Cambridge, Cambridge University Press, 2020, 364 p. [L'ouvrage s'accompagne d'un site internet à l'adresse suivante : https://carmenabroad.org (consulté le 6 février 2022).]

TAINE Hippolyte, « Prosper Mérimée » [Préface aux *Lettres à une inconnue*, décembre 1873], *Essais de critique et d'histoire*, éd. sous la dir. de Paolo Tortonese, avec la collaboration de Maxime Perret et Nathalie Richard, Paris, Classiques Garnier, « Bibliothèque du XIXe » 72, t. II, 2020, p. 1361-1380.

TCHUMKAM Hervé, « De l'usage du corps féminin au XIXe siècle. À partir de *Carmen* de Mérimée », *French Studies in Southern Africa*, n° 50, 2020, p. 165-183.

VENCLOVA Tomas, « Prosper Mérimées letzte Novelle », *Sinn und Form*, Bd. 72, 2020, n° 1, p. 25-35.

ZATORSKA Izabella, « Esclave baroque, éclairé, romantique. Aphra Behn et Saint-Lambert contre Mérimée et Hugo ? », *Les Lumières, l'esclavage et l'idéologie coloniale. XVIIIe-XXe siècles*, éd. Pascale Pellerin, Paris, Classiques Garnier, 2020, p. 217-236.

Alexandre BONAFOS
Department of Languages,
Literatures & Cultures
University of South Carolina

Xavier BOURDENET
Université Rennes 2
CELLAM – EA 3206

BIBLIOGRAPHIE DE LA CRITIQUE SUR L'ŒUVRE ET LES ACTIVITÉS DE MÉRIMÉE DANS LES DOMAINES DE L'ART ET DE L'ARCHÉOLOGIE

2020 et compléments

Cette bibliographie couvre l'année 2020 et recense études critiques et éditions d'œuvres de Jean-François-Léonor et Prosper Mérimée, mais elle n'est pas analytique : elle ne résume ni n'évalue les références recensées.

1993

ÉTUDE SUR MÉRIMÉE

OLMOS ROMERA Ricardo, « Arqueología soñada. *La Venus de Ille* de Próspero Mérimée », *Revista de Arqueología*, vol. 14, nº 149, 1993, p. 48-53.

2002

ÉTUDE SUR J.-F.-L. ET PROSPER MÉRIMÉE

BANN Stephen, « L'ironie de père en fils. Les deux Mérimée », *Le Witz. Figures de l'esprit et formes de l'art*, éd. Christophe Viart, Bruxelles, La Lettre volée, 2002, p. 87-100.

2018

ÉTUDE SUR MÉRIMÉE

POISSON Olivier, « Mérimée et la redécouverte de Vézelay », *Vézelay, un chemin de lumière*, dir. Mgr Hervé Giraud, Christian Sapin et Nicolas Tafoiry, Strasbourg, La Nuée Bleue ; Paris, Place des Victoires, 2018, p. 117-123. [Cité par erreur parmi les entrées de 2019 dans les *Cahiers Mérimée* n° 12, 2020.]

2019

ÉTUDE SUR MÉRIMÉE

CZŁONKOWSKA-NAUMIUK Małgorzata, « Prosper Mérimée - obrońca zabytków Francji » [Prosper Mérimée, défenseur des monuments de France], *Mówią Wieki. Magazyn historyczny*, n° 713, juin 2019, p. 26-29.

2020

TEXTE DE MÉRIMÉE

Œuvres complètes. Section II : *Art et archéologie*, sous la coordination de Françoise Bercé, t. 3, *Lettres, rapports et notes de l'inspecteur général des Monuments historiques*, t. I : 1834-février 1848, t. II : février 1848-1870, textes établis, présentés et annotés par Françoise Bercé, Paris, Champion, « Textes de littérature moderne et contemporaine », n° 215, 2020, 1473 p.

ÉTUDES SUR MÉRIMÉE

BONAFOS Alexandre, « Bibliographie de la critique sur l'œuvre et les activités de Mérimée dans les domaines de l'art et de l'archéologie », *Cahiers Mérimée*, n° 12, 2020, p. 169-174.

DELÉTANG Jean-Noël, *Les Hauts-Lieux du patrimoine poitevin sauvés par Prosper Mérimée*, La Crèche, La Geste, 2020, 220 p.

POULL Georges, « Mérimée et la Lorraine, 1830-1860. I. Les tournées », *Le Pays lorrain*, 117e année, vol. 101, déc. 2020, p. 347-360.

SCARRE Chris, « Geology, Landscape and Meaning in the Megalithic Monuments of Western and Northern Europe » [*Notes d'un voyage dans l'ouest de la France*], *Megaliths and Geology / Megálitos e Geologia. Mega-Talks 2, 19-20 November 2015 (Redondo, Portugal)*, éd. Rui Bonaventura, Rui Mataloto et André Pereira, Oxford, Archaeopress, 2020, p. 135-150.

Alexandre BONAFOS
Department of Languages,
Literatures & Cultures
University of South Carolina

RÉSUMÉS/*ABSTRACTS*

Valérie FASSEUR, « Ours à malices. *Lokis* ou le mystère des origines »

Lokis puise sa représentation de l'homme-ours à un fond folklorique médiéval bien plus large que ne le montre sa situation en Lituanie, véritable trompe-l'œil. Relue à la lumière de la construction complexe du récit, son intertextualité avec Froissart fait apparaître la nouvelle comme un montage qui, sous couvert d'une facétie à l'intention des dames de Compiègne, fait converger, par l'interrogation de Mérimée sur le mystère des origines, plusieurs des préoccupations récurrentes de l'auteur.

Mots-clés : littérature du Moyen Âge, littérature du XIXe siècle, intertextualité, Froissart, vénerie.

Valérie Fasseur, *"Bears full of tricks.* Lokis *or the mystery of origins"*

Lokis *sources its depiction of the bear-man from a much broader medieval folkloric background than its Lithuania setting would suggest, a true trompe-l'oeil. When reread in light of the story's complex narrative architecture, its intertextual ties with Froissart reveal the story's montage-like quality; under the guise of a farcical tale intended for the ladies of Compiègne, it brings together several of the author's recurring concerns through Mérimée's investigation of the mystery of beginnings.*

Keywords: medieval literature, nineteenth-century literature, intertextuality, Froissart, hunting.

Sylvie THOREL, « Ourseries (Sand, Mérimée) »

L'association des noms de Sand et Mérimée rappelle un certain *fiasco* qui mériterait d'être relégué dans l'oubli si la lecture de *Mauprat* et de *Lokis*, où tous deux font varier *La Belle et la Bête*, ne révélait la gravité du malentendu. Sand réduit le désir en moralisant, tandis que Mérimée présente une version amorale de l'histoire. Exaltation du sentiment *versus* affirmation ironique du primat des instincts : un désaccord qui a trait à la délicate fortune de Rousseau chez les romantiques.

Mots-clés : littérature du XIXe siècle, intertextualité, éducation, morale, George Sand, Rousseau.

Sylvie THOREL, *"Unbearable banter (Sand, Mérimée)"*

As pairs of names go, Sand and Mérimée bring to mind a particular fiasco that would merit relegation to oblivion if a reading of Mauprat *and* Lokis, *where each offers a variation on* La Belle et la Bête, *did not reveal the gravity of the misunderstanding. Sand diminishes desire by moralizing, while Mérimée presents an amoral version of the story. Exaltation of feeling versus ironic affirmation of the primacy of instincts: a disagreement connected to the delicate fortune of Rousseau among the Romantics.*

Keywords: nineteenth-century literature, intertextuality, education, morality, George Sand, Rousseau.

Xavier BOURDENET, « Militance libérale et anti-idéalisme mériméen. La chevalerie dans *La Jaquerie* »

La question de la chevalerie connaît un regain d'actualité dans les années 1820. Après avoir retracé les fractures idéologiques de cette mode qui éclairent les choix de Mérimée dans *La Jaquerie* (1828), on montre que celle-ci s'inscrit tout à la fois contre le genre troubadour et le *sauvetage* de la « chevalerie » par opposition à la « féodalité ». C'est un travail de sape, une caricature sur toutes les dimensions de l'idéal chevaleresque : généalogie, héroïsme, courtoisie, langage.

Mots-clés : littérature du XIXe siècle, histoire du XIXe siècle, histoire du Moyen Âge, féodalité, chevalerie.

Xavier BOURDENET, *"Liberal militancy and Mériméan anti-idealism. Chivalry in* La Jaquerie*"*

The issue of chivalry regained relevance in the 1820s. After tracing the ideological fractures this fashion contained, which shed light on Mérimée's choices in La Jaquerie *(1828), we show that the latter is at once opposed to the troubadour genre and the recuperation of "chivalry" as opposed to "feudalism." It is a subversive work, a caricature of all the dimensions of the chivalric ideal: genealogy, heroism, courtliness, and language.*

Keywords: nineteenth-century literature, nineteenth-century history, history of the Middle Ages, feudalism, chivalry.

Anne GEISLER-SZMULEWICZ, « Les réécritures de *La Guzla* »

Le souvenir de la mystification au cœur de l'écriture de *La Guzla* (1827), dont Mérimée fait la matière de son Avertissement de 1840 (Charpentier, 1842), est entretenu dans la presse, dans des notices de dictionnaires et d'anthologies, voire dans des ouvrages savants. Nombre d'auteurs et de journalistes paraphrasent le texte de Mérimée, quitte à ajouter des éléments de leur cru, accentuent sa dimension comique et vont parfois jusqu'à faire servir leur propos à des développements idéologiques inattendus.

Mots-clés : littérature du XIXe siècle, *La Guzla*, réécriture, parodie, critique littéraire.

Anne GEISLER-SZMULEWICZ, "*The rewritings of* La Guzla"

The memory of mystification at the heart of the writing of La Guzla *(1827), which Mérimée made the subject of his 1840 foreword (Charpentier, 1842), was kept alive in the press, in dictionary and anthology entries, and even in scholarly works. Many authors and journalists paraphrased Mérimée's text, even if it meant adding elements of their own, accentuating its comic dimension and sometimes going so far as to make their subject serve unexpected ideological developments.*

Keywords: nineteenth-century literature, La Guzla*, rewriting, parody, literary criticism.*

Antonia FONYI, « Sous le signe d'Éros. Pour déchiffrer la pensée esthétique de Mérimée »

La pensée critique de Mérimée, telle qu'elle se révèle dans les domaines où elle s'exprime avec une clarté particulière, ceux de l'esthétique du peu et de la conception de la poésie, est fondée sur une exigence d'unité qui va à l'encontre des tendances dominantes du siècle. Sous un éclairage psychanalytique, cette exigence, mieux, ce désir atteste une forte prépondérance de la pulsion de vie dans la création de Mérimée.

Mots-clés : littérature du XIXe siècle, esthétique, critique littéraire, poésie, psychanalyse.

Antonia FONYI, "*Under the sign of Eros. Toward deciphering the aesthetic thought of Mérimée*"

Mérimée's critical thought, as revealed in the fields where it expresses itself with a particular clarity, those of the aesthetics of the little and the conception of poetry, is founded on a requirement of unity that goes against the dominant tendencies of the century. Under a psychoanalytical light, this requirement–or better put, this desire–attests to the supremacy of the life drive in Mérimée's creation.

Keywords: nineteenth-century literature, aesthetics, literary criticism, poetry, psychoanalysis.

Achevé d'imprimer par Corlet,
Condé-en-Normandie (Calvados),
en Juin 2022
N° d'impression : 176564 - dépôt légal : Juin 2022
Imprimé en France

Société Mérimée

BULLETIN D'ADHÉSION 2022

Pour adhérer à la *Société Mérimée* et recevoir le numéro annuel des *Cahiers Mérimée*, merci de nous adresser votre cotisation, selon le tarif ci-dessous (en euros).

	Tarifs
Membre	30 €
Membre donateur	50 €
Membre bienfaiteur	100 €
Tarif étudiant	20 €

Le bulletin et le règlement, à l'ordre de la *Société Mérimée* sont à adresser à :

Antonia FONYI
139, rue du Faubourg Saint-Antoine
75011 Paris

-- ✂ ----------------

Nom : ....

Prénom : ....

Adresse : ....

Courriel : ....

(pour que nous puissions vous faire connaître rapidement les manifestations, colloques, publications et vous associer aux événements de l'association)

Sollicite mon adhésion / le renouvellement de mon adhésion pour l'année 2022.

Date : ....

Signature : ....